人理

国学与立体人生

廖从耿 著

南方日报出版社
NANFANG DAILY PRESS
中国·广州

图书在版编目（CIP）数据

人理 : 国学与立体人生 / 廖从耿著. — 广州 :南方日报出版社, 2015.1
ISBN 978-7-5491-1212-8

Ⅰ. ①人… Ⅱ. ①廖… Ⅲ. ①国学－研究 Ⅳ. ①Z126

中国版本图书馆 CIP 数据核字(2015)第 004923 号

人理 ——国学与立体人生

著　　者： 廖从耿
出版发行： 南方日报出版社
地　　址： 广州市广州大道中 289 号
责任编辑： 刘志一　黎衡
装帧设计： 佃燕婉
责任技编： 王兰
责任校对： 阮昌汉
经　　销： 全国新华书店
印　　刷： 广州市怡升印刷有限公司
开　　本： 889mm×1194mm　1/16
印　　张： 17.75
字　　数： 250 千字
版　　次： 2015 年 1 月第 1 版
印　　次： 2015 年 1 月第 1 次印刷
定　　价： 38.00 元

投稿热线：（020）87373998-8503　读者热线：（020）87373998-8502

网址：http://www.nanfangdaily.com.cn/press　http://www.southcn.com/ebook

序一

中国社会是人情社会，人要立足于社会，首先必须通情，要通情就必须达理，要达理必须懂得人理，但遗憾的是现在社会上通书理之人多，懂人理之人少。而人在社会上要取得成功，须人理第一位，书理第二位。因此，不懂人理是人生的一大遗憾，也是人们要在事业上取得成功的一大障碍。

人必须学人理，懂人理，用人理。人理的实质是为人处事仁义之道理。《易》曰“立人之道是仁义”。因此，做人的基本准则是仁义。只有仁义本性之人才是真正之人。

人是高级动物，不仅具有动物所有的本性，也具有区别于动物的特性，这特性就是仁义。人只有脱离动物性行为之后，才能显示出仁义的特性，这境界之人才是真正的人。所以人生在世，人要做一个真正仁义之人，就必须先除去动物性行为的本性，即物性。

仁义是做人之本，人在以仁义为本的基础上做人，一定要有觉悟，有境界，人生才有价值，有意义，人生才没有遗憾。人生在世，感性之人多，理性之人少，悟性之人更少。但悟是生智入慧从成功走向成德的起点，又是人们摆脱动物性行为的终点，即人到悟时方入智，学到有悟才是贤。人必须有觉悟，有觉悟才有智慧，有觉悟才能成德成圣。

人在有仁义、有觉悟的基础上，还必须有境界。不同之人，人生境界亦不同。在数理上，人的境界分为点人生、点集人生和平面人生等，但最高境界的人生是立体人生。点人生、点集人生、平面人生之人为人处事是点对点、面对面的，一辈子做事做人，注重做给人看，自显伟大、成功，做事做人的理念是“有为争得”，一辈子只能积功，不能累德。立体人生境界的人，做人做事是做给天地看，这样的人生显得十分渺小、惭愧。做人做事的理念是“无为自得”，一辈子积功累德，人生活得真正有意义，有价值，他的人生是成德的人生。所以，立体人生是最高级的人生。

人的境界在认识水平上，可分为四个阶段、八个境界。这四个阶段是无知、知、智、慧。最低境界之人生是“无知”的人生，其二是“无知与知”的人生，其三是“知”的人生，其四是“知与智”之间的人生，其五是“智”的人生，其六是“智与慧”的人生，其七是“慧”性人生，其八是“慧到无知”的人生。这八大境界贯穿人生由感性到理性到悟性再到灵性的认识过程，也是人们成才→成人→成功→成德的过程。人生在世，人人都希望取得成功，但在人生境界上，成功是小事，成德才是人生大事。

所以，真正有价值、有意义的人，他在家庭上一定成家，在社会上一定成才，在事业上一定成功，在精神境界上还能成德。这样之人生才是真正完美幸福快乐圆满的人生。

本书通过本人多年来对国学文化的深入研究，结合易学天地人之道，用立体人生、立体思维的观点，全面总结先哲圣贤论点和现代人的缺陷，全面系统地解释中国传统文化存在的问题及主要的误区。中国五千多年传统文化，什么是道，什么是德，什么是仁，什么是义，可谓众说纷纭，理解不清。本书通过天地人之道进行全面的阐述。中国文化只有在明道明德的前提下，才能弘扬道德，同时才能真正修道积德。当前社会上的人们由于道德概念模糊，道德观念淡薄，使中国人的道德行为糊涂不清，这是中国传统文化不足之处。

中国传统文化在不明道德概念的情况下，使人们不懂仁，不懂义，即不懂立人做人之本。这是中国传统文化的一大误区和缺失，也是中国人修身立人的一大遗憾。本书通过对中国“易学”智慧的研究，用理悟灵慧的境界诠释中国文化的五伦和四维。

为人是仁，助人是义，为人助人者是仁义之人。明人是礼，人开明，明理明德家国兴。育人是智，人有悟，智慧人生最高尚。立人是信，人之本，自信他信需诚信，事业发达大成功。尊人是忠，敬师长。顺人是孝父母愿，孝道一报父母恩，二还父母愿，忠孝两全好风范。清人是廉，人廉洁，克已奉公国家旺。卑人是耻，人开心，知耻知足知感恩。

中国文化五千年，弘扬道德与仁义，家庭和顺民族兴，国泰民安大昌盛。

序二

本书的构思和立论以易学为基础，弘扬中国传统文化中的大道。现今社会人文书籍讲小道者多，讲中道者少，讲大道者更少。大道是公理，中道是定理，小道是推理。能达到大道的文章是没有例证的文章；用事实说明道理的文章是小道的文章；若从数学归纳法的角度考虑，用事实说明道理的文章是不成立的文章。因此人性的文章只有升华到大道的文章才是放之四海而皆准、千古不易的文章。易学是中国传统文化中群经之首、大道之源，是中国传统文化之根。所以人理的文章是尽量建立在大道上的文章，这也是本文的一大特色。

本书的第二大特色是本人通过易学来对中国文字进行研究，这也是本人一个新的发现和发明，中国文字蕴藏着丰富的千古不易的易理，从字的结构隐藏着天地之道、大道之理，是中国大道文化和智慧的结晶与体现，是老祖宗留给中华儿女最宝贵的文化遗产。在此我代表中华儿女感激我们的老祖宗，感谢创作中国文字的大圣贤，同时也感谢带我走入易学人生道路的林善光老师。感谢支持帮助我的好友倪汉明、林世文、廖立国、吴钦城、薛书荣、郑宏中、杜少武。

易学广矣大矣。易学包罗万象，大道之源，希望中国社会的贤人、有悟性有智慧之人加入研究易学文化服务于人类的行列，研究运用易卦的德性，造福中华民众，这才是人生最有意义、有价值的大事业。

善书禅心静

养性碧水清

目录 CONTENTS

第一章　汉字的幽径

第二章 人生的真味

第五章 易学的妙悟

第一章 汉字的幽径

道

無為自得

為名無為自得之名為公名。

為利無為自得之利為公利。

為道無為自得之道為公道。

道与天地准

辛卯年[illegible]

“道”字的文化内涵与感悟

道是我们中华民族传统文化的骨架和精髓，是中国文化形成和发展的重要组成部分，也是近千百年来中国文化研究的主要对象，是老子思想体系的核心，是大自然的大智慧，是大自然万事万物发展变化的规律，是自然界物质和能量信息传递转换的诠释。但是什么是道，学术界众说纷纭，争论不休。为使世人明白其道，特将“道”字的真义进行全面释义，供读者参考，不妥之处，请包涵指正。

“道”字从字的结构上看，是由“首”与“舟”字组成的。因为“首”字为头，引申为首领、领袖，但是首领之上方，即“首”字上方，暗藏什么呢？实质上是天，天为乾，为阳，为刚健，为尊贵。所以在道之上方就顶承着一个无形无象的天，即天道。其德性就是刚健、崇高伟大、自强不息。但“道”字下面是“舟”，舟必须在水中行驶，这里的水有江河水、湖泊水、海洋水等。有水就有岸，但水岸、海岸属陆地，水的下面是地，陆地上有动植物、微生物、大气等，说明道下面是由一个有形有象的地顶承。地为阴，即地道，其德性为温顺，谦恭礼让，厚德载物。在无形无象的天道与有形有象的地道之间存在着阴阳和气、大仁大义的道，即阴阳之道，这就是人道。故一道之中，暗藏顶承着天地两道，合为三道，三道并齐构成自然道，或简称自然。自然界就生长着万物。这一道理就是老子的道学思想：“道生一，一生二，二生三，三生万物。”同时又揭示了“道法自然”。且正面有形有象之道位于天地一阳一阴之间，即《易传》所认为者：万物都是秉受于天地阴阳二气而生成的。因此，万物具有阴阳之共性，构成客观世界的普遍规律性，这就是道。同时又说明天是无边无际的，是无形的。道如果体现无形无象的天，则天道是阴阳对立统一的。地是有形有象的，道如果体现有形有象的万物，则地道是刚与柔的对立统一。人存在天地之间，又是自然界万物之长，就在于有道德伦理，故道体现于人，即人道，就是仁与义的对立统一。所以大道的最高境界是参赞天地，化育万物，刚健奋进，自强不息，谦恭礼让，厚德载物，大仁大义。有道就有德，即道生之，德蓄之。

“道”字上有天，下有地，地上有水，方可行舟，说明正面之道，是放之四海而皆准的，是平衡、平等的；同时又说明真正之道是靠水来支撑的。大道的大仁大义，生化万物是靠自然界水循环的信息全息来实现的。因为自然界之水，通过蒸发到天空，随气流而动，在高空随着气温降低，水汽凝结成雨，降到地面，一部分沿地表流动后汇入江河湖海，一部分下渗到地下成地下径流，最终也归湖海，海纳百川，洋容百海，这生生不息无为之道的过程，参赞天地，无所不为生育万物之大仁大义的恩德，是大自然的智慧，也是自然道的全息过程。

这个全息的生化过程，也贯穿了八卦轮转生化过程，因为水属坎卦，在对流作用过程中伴随着雨、风云、雷电，即震、巽之卦，水汽在气流的作用下，移到大陆受高山阻隔，爬坡而上的过程含艮卦，是在天地即乾坤两卦进行。故正道之德，参赞天地，八卦生化，滋生万物，体现八卦之卦德，即八德，也体现易与天地准，道也与天地准，人也应与天地准的崇高境界。

人认识世上万事万物，有些人的认识水平在小道，有的在中道，有个别的在大道。在几何上，大道相当于公理，中道是定理，小道是推论。人在小道论人生事物的多，小道喋喋不休，往往找不到道的本性。如果人能升华到大道上认识人生事物，则清清楚楚。所以人要学大道，人生要升华到大道的境界，才会开心，人生才有价值，今生今世做人才有意义。

悟语

知道不如讲道

讲道不如明道

明道不如悟道

悟道不如行道

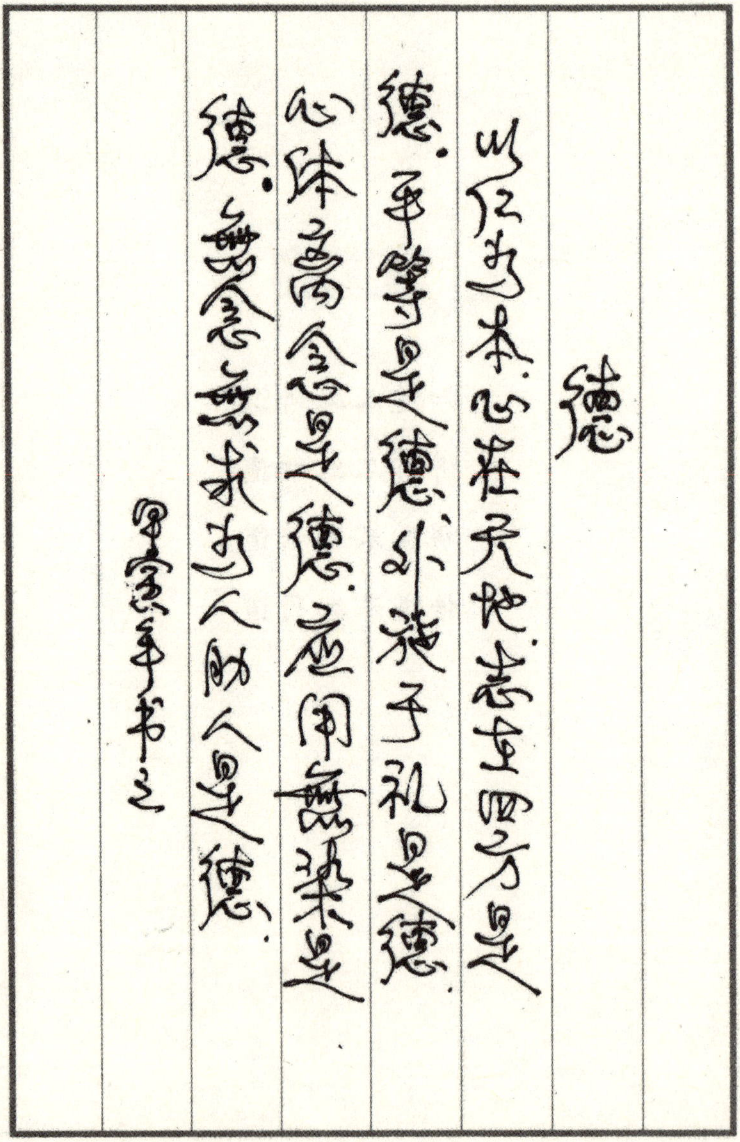
德
以仁为本，心存天地，志在四方是德。
年学是德，小孩子礼是德。
心体高尚是德，应用无染是德。
无念无求为人助人是德。
甲寅年书之

“德”字的传统文化内涵与人生品德

在中国的传统文化宝库中，德是人们行为规范中追求和向往的重要字眼，具有崇高的地位，特别是社会上每个人都希望自己成为一个有德之人，每个家庭和家族乃至国家都希望成为一个德高望重的家庭、家族和国家。但什么叫德，怎样做才能称为积德、明德和功德，却少为人知，为使大家明白其道，特将“德、积德、功德”等进行释义以共同参照。

一、论德的释义

从“德”字的结构看，“德”字的左边由两个人组成，其表示的意义是：两个人才算有德之人，如果只有一个人存在的时候，这个人就不是别人，而应该是自己。如要有两个或两个以上的人存在的时候，才可以说“我是人”或“你是人”。因此一个人的德性不可能由自己说了算，而是由两个或两个以上的人来对比进行评定，这也就是说，人与人的德性不是绝对的，而是相对的。

“德”字的右边是由“四”字及“志”字组成，暗示这成德之人，心在天地，志在四方。即有德之士，心要像天一样崇高伟大、刚健有为、勇敢坚定、自强不息、志存高远，像天一样公平、公正，即平等。心体离念，应用无染，表明有德之士其大智慧贵在崇高。

“德”字右边之下为“心”字，即心在地，表示有德之士之心，像大地一样温顺、宽厚、谦恭礼让、厚德载物，像大地一样无求、平等、无念，像“地心”一样公平、公正、低下、深藏和平常。其礼节贵在谦卑，他的心时时刻刻参赞天地，化育万物。

“德”字右边中间为“四”字，在阴阳学中，中间为阴阳交汇、滋生万物的地方，表示为人仁义之道。因此有德之人必须志在四方，而且必须心藏天地，正气、平等、公正，同时必须注重四方平衡发展，在平衡发展的基础上又能参赞天地，化育万物，仁正忠义，造福人类，达到人生追求的最高境界。

因此，这里说的有德之人是大德或称全德之人，为人处世，刚健有为，自强不息，志存高远，温顺，谦恭礼让，厚德载物，心藏正气，仁义，志在四方，即参赞天地，化育万物，为人处世，平等，外施于礼，心体离念，应用无染，这就是德，可见德的最高境界是德与天地准，即天德、地德与人德合为全德。

二、德的境界——三德

现今社会，由于人们对德之概念理解模糊，导致为人处世，积德行善的过程，是积功，还是积德；是积小德，还是中德或者大德；是积阳德、阴德，还是阴阳之德；是积天德、地德，还是积人德，都是十分模糊的概念。因此明白德的境界——天德、地德、人德，对为人处世、积功累德来说，具有十分重要的意义。

1. 天德及天德之人的为人处世

天德即浩天之德。由于宇宙天体不停地运转，因此天之德是“健”。也就是说天德像天一样崇高伟大、刚健不息、平等、心体离念、应用无染。

从上可知，天德贵在崇高伟大、刚健不息。但是世间之人，为人处世，做给人看者多，做给天地鉴者少。从这点也可以说明世上之人积功者多，积德者少；积人德之人多，积地德之人少，积天德之人更少。但是能达到积天德境界之人，必定同时积有地德和人德；达到积地德境界之人，必定积有人德，但有的未必积有天德；而达到积人德境界之人，未必全部积有一定的天德、地德，但必定积有相当多的功德。纵观我国历史，古代先哲圣贤积天德者，必同时积地德、人德，才能传芳千古。如我国的神农氏教人耕种，以及创作重六十四卦的《连山易》，让世间之人不但懂得耕作，还让世上之人懂天地人之道，特别为世人点破天道，开智化愚，故他的德像天一样崇高伟大、刚健不息、平等，他这崇高之天德流芳千古，同时使人们代代对其天德无比感激。此外还有老子的《道德经》、孔子的《易传》，也为人们提示了天地人之道，也具有崇高、伟大、刚健不息的浩天之德，得到我们子孙后代的崇敬和赞颂，是我们子孙后代学习的榜样。

2. 地德及地德之人的为人处世

地德即地球之德，地球地轴倾斜是永远不变的，其北极永远指向北极星，这是千古不易之理，且不停地自转和公转。这说明地球顺应天球，即顺天应人、温顺，其本身是宽厚的，能容纳万物众生，它对天来说自知渺小，故处处谦恭礼让。因此，地德是温顺、谦恭礼让、厚德载物、平等、外施于礼、心体离念、应用无染的。

由于地德贵在顺天应人，宽厚仁正，谦恭礼让，故积地德之人一定具有弥勒佛祖“大肚能容天下难容之事”的精神。在中国历史上，神农氏根据天地运转循环不息的自然规律以及四季变化规律教人耕作，顺天应人，地德浩荡，万民敬仰。但是现今社会用地德来衡量，积地德者多，损地德者也多。但有的人是有觉的，有的人是不知不觉的。如社会上有些慈善家、企业家，拓宽体量，广施仁德，出巨资为社会修桥造路，有益于地，有益于人，出巨资不求名，不谋利，无念无求，平等温顺，此属扬地德之举，深受民众爱戴、敬仰。但有的企业只想图利，不顾天地，甚至做伤天害理之事。如电镀厂、电子废物品加工厂、印花洗染厂、采矿场老板只顾发财图利，废物、毒物、毒气、毒水损害了工人的健康，污染区域的地表水源和地下水源，污染了生态，污染了地球，做尽害地之事，严重伤损地德，这些人必受人怨，必受天谴。因此一个德性比较好、德的境界比较高的人，不管做什么事，首先要考虑所做之事一定要对得住天，对得住地，对得住人，最后才考虑对得住自己。君子为人处世做给天地看，小人做事为人做给人看。因此，做人须力争做一个积功累德，有天德地德果报之人。

3. 人德及人德境界之人的为人处事

人德实际上是“仁德”。因为人之上是天，为阳，人之下是地，为阴，人在天地间即阴阳之间，其德为“仁义”。所以人德是指仁义立德。仁义者，外施于礼，平等，心体离念，应用无染。

现今社会，人文复杂，重私利者多，重公利者少；心态不健康者多，杂念、妄念、邪念者也多，运作过程中徇私舞弊、伤害社会民众者也多。故社会之人，按德的标志和境界来衡量，可谓“损公利己者多，积功者也多，而积德者甚少，缺德者却不少”。故学通人德的概念和德的境界对造福社会意义重大。

但是出现以上状况的主要原因是什么呢？主要是由于“积功者多，损公利己者也多，积德者少，而缺德者却不少”。社会之人对功德概念的认识、理解模糊，加上为人处世心态不明，从而导致功德不分，连做人的最基本之德——人德都不明。人德者，仁义之德也。人德不懂，实质上也是仁义不懂。仁者，即仁爱。孔子曰，“仁者爱人”“求仁而得仁”“仁者乐山”，说明要懂得仁，先要懂得爱，要懂得如何爱自己，同时又要懂得如何爱他人。真爱出自真心实意，因此“仁要出自真心、好意、善意”。故仁者成就好人的方法是用无私的爱心感化世界，使社会是幸福、平等、心体离念、外行于礼、应用无染的。这样使自己清平明理，又使他人以至社会都安定开心快乐。义是忠义、节义、义礼等。这里说的“仁义”实质上是孟子所说“杀身成仁，舍生取义”，说明义是围绕仁的真心，是忠心耿耿、仁者无敌、义者不惧的一种光明磊落的伟大人格和高尚情操。自古忠臣义士，在国家、民族危难之际，宁肯为国尽忠以殉死，也不愿失节投降以求生。保全忠义名节对一个人来说是十分重要的，人真是“陷于不义，生不若死”。

因此一个人懂得仁义，就懂得人生价值，就深知“仁义”两字值千金的真义。只有认识“仁之以爱，义之以正”，才能懂人德，懂人德者为人处世或出资捐建公益事业，一定平等、心体离念、应用无染，一定不留名、图利，他的大仁大义之德必有余庆。

德

心在天地，志在四方

平等礼让，心体离念

应用无染，积功累德

“人”字的写法、真义和人生感悟

我们都是人，但你知道人最遗憾的是什么吗？我相信大家可能知道一点点。其实人最遗憾的是连“人”字都不会写，所以才感悟不到它的意义，人才会深深感受到“做人难做，人人做，人做难”。

“人”字从真义的理解，不是两笔写成的。如果从两笔之人理解的话，做人太惘然，太简单，太糊涂，太朦胧，同时深感做人太没有意义。如果“人”字能用三笔写成，即写成“人”字的话，则我们做人的目标、宗旨、志向等都明确了，做人的重大意义和义务也清楚了。因为从“人”的写法，三笔只有一个中心，且三笔沿三方均衡发展，由此可见：

一、做人要堂堂正正，顶天立地。因为上为天，天为乾，为长者，为父，为刚健，表明做人要尊敬长者，孝敬父亲，要有刚健、自强不息、勇敢的奋斗精神和刚毅的革命意志。下为地，地为坤，为女，为母，母性像大地一样温顺、宽厚博爱，表示做人应像大地一样谦恭礼让、温顺、厚德载物，这样才能显示顶天之德和立地之义。所以，做人要堂堂正正，顶天立地，这是天经地义的。

二、这种写法也表现了天、地、人三极同心，即体现了人是由天、地、人三者合一的平衡原理，说明了要做堂堂正正之人，必须注重天、地、人三极平衡发展。只有三极平衡发展，才能三心合一，才能达到同心同德的境界。这种正心、正行、正德之人，才是参赞天地而化育之人，才是正人。

三、从天、地、人三极同心发展，也说明人生做人的真正坐标是天、地、人组成的三维立体球面坐标。因此，人生的最高境界，是三维立体球面人生的境界。做人追求的目标，也就是三维立体球面坐标的目标，但是要达到此目标，我们必须尊重天地，尊重天地的自然发展规律，拓宽心量，向天地德性学习，效天法地，积极工作，提高观念，对人及人事尽量看破放下，做一个高素质、高境界之正人。

四、由于“人”字的写法，表明人生坐标是三维立体球面坐标，故在“人”字中，无形暗藏着一个实体，但这个实体随心而变，随天、地、人三极发展的力度而变。当不管天地两极，而只在人极上单一发展时，最终人极就会扭曲；当天极、地极发展趋近于零时，他的人生必定物极必反，以致天诛地灭人亡。当三极同心同德平衡发展时，这个心体就会不偏不离，并且不断扩大，则出现心正人正，且体正体大，无形的效应更大，从而取得的效果也更大，这种人就会达到《心经》中所说：“天有天心，地有地心，人有人心，三心合为一心，心中自有无量功德。”这种人的人生是可持续发展的人生，这种心法的人，自然福泽绵长。

五、从“人”字的写法中，也可悟为世上之人，有三种人。

1. 知人之人，即知之者。这种人的人生坐标是定位在人轴上，即点集直线人生。这种人直头直脑，心紧腹小，小气小量，有知识而无智慧，这种人欲望要求高，且欲望是空想的，这类人，他的欲望是不自然不必要的，他的人生是低级、痛苦、不开心的人生。

2. 好人之人，即好之者。这种人的人生坐标定位在人轴与地轴的平衡关系上，即点集平面人生。这种人纵向、横向思维发达，心松腹大，气量较大，做事做人都注意各方面的对应关系，做事做人较为长线、长远，能把日常生活中学到的知识一部分转化成智慧，能在失败中寻找教训，做人现实、自然，他制订的欲望是符合自己的客观实际的，但在时空条件未许可的情况下，他对欲望的达到是不必要的。当欲望达到时，他极度开心，且喜好生存，故这类人是“好之者”，他的人生是好开心、好自在、好自然的。

3. 乐人之人，即乐之者。这种人的人生是定位在天、地、人三轴平衡的人生，即三维立体人生。这种人为人做事，效天法地，心量大，心境佳，高度智慧觉悟，不管发生什么事，都能达到看破放下的境界。这类人自强不息，刚健奋进，谦恭礼让，厚德载物，开心快乐，做人做事都能达到乐天、乐地、乐人，他的欲望小，且易知足，他追求欲望的实现是遵循客观的自然发展规律，在发展中顺其自然而获得，即乐之者的欲望是自然的，必要的。由于乐之者做人与天、地合三为一，他的欲望符合自然之道，做人与天地达成和谐，故顺心顺意，从而也清心如意，因此乐之者就是人生追求的最高境界。

4. 在“人”字的写法中，由于现实中的“人”字是天、地、人三极的正向坐标，因此“人”字的背面存在着负面的坐标，在天、地、人的负面方向上也存在着负面的物质和精神世界的东西。但这些负面的东西对人的行为和心法也有很大的影响，当人的行为和心情偏邪时，这些负面东西助你走向更邪，使你更容易出事；当人的行为、心法行得堂堂正正时，这种负面世界的东西使你行得更正。也可以说，一个心正、体正、行为正的人，在某种意义上可达到神敬鬼钦妖伏的境界。

因此，世上之人，只有明理，明心法，明写法，才能真正领略到做人之真谛，希望通过感悟“人”字，把自己培养成符合自然、堂堂正正的“乐之者”。

"生"的人生坐标意义和人生价值

人生如同数学中的坐标系，人与人之间的关系，又如数学坐标系中有序实数对的对应关系。但在人生的坐标系中，由于人们的认识水平、文化层次、世界观、道德伦理等综合素质的差异以及生活环境、生活习惯等方面的不同，致使对人生坐标的认识、定位、定向、追求都产生了差异。但是现今社会懂得人生坐标这个概念者较多，而真正懂得人生坐标的数学意义和社会意义者很少。人生坐标到底是什么？有的人在人生坐标系中是一点；有的人是一条线，如数学上的数轴；有的人是一个平面，如平面直角坐标中的正方形平面；有极少数的人认为人生坐标是一体，即三维坐标，也称立体人生。但是真正最高级的人生坐标是什么？我认为应该是"三维球面坐标"，即"球面坐标人生"。

由于人类认识事物的发展过程是由低级到高级、由简单到复杂、由感性认识到理性认识的过程。因此人类对人生坐标的定点、定位的认识也是先从坐标系中的"点人生"开始，然后通过理论学习以及社会实践活动后逐级不断深化提高。随着量级的不断深化提高，做人做事的认识、行为、观念、意志、道德涵养等水平都产生了深刻的变化，人性逐渐开窍变通。但是在现今文明社会里，最遗憾的是社会绝大多数人只从感性上知道"人生坐标"这个概念，至于能真正理解深化其义者微乎其微，更遗憾的是绝大多数人连本人是处于"人生坐标"中哪个量级也不知道。因此可以这样说，一个人的人生，绝大多数是糊涂的人生，愚昧的人生，一代失望过一代的人生。随着社会的发展以及新时代的要求，人的素质变化日新月异，不学无术、低级、糊涂、愚昧的人生必定被文明、自由、民主、法治、高素质的人生所代替。因此研究哲学、研究人性、提高素质、弄清自己在人生坐标中的位置，对更新自己做人、做事的观念具有十分深远的时代意义。

为了使大家对人生坐标的理解能尽早破迷开悟，提高个人的素质及价值，特用数学的方法来剖析“人生坐标”，与大家共勉。

一个人如果把人生坐标定位在一个点上，在几何学上称为“点人生”，他的人生是启蒙人生，他的生活环境好像居住在一个荒芜原野，无人管教，独行独断，眼中无人，寂静无聊，死气沉沉。这种人生磁场单一，心态古怪，又不喜欢与周围的人们进行物质和能量交换，而外人对他生物磁场的反馈也有望而生畏的感觉，此类人的人生坐标像点那样坚实单一、实心实意，是定在圈子内一定点绕转的人生，如井底青蛙，眼界小，容量少。这类人生前途像点一样全无方向，气量只能容纳一小点东西，对朋友小气固执，对事业时时刻刻盯住眼前一点小实惠的利益，点点滴滴都为自己，极度自私自利。故这类人必然自酿苦酒，自绝其路，讨人厌恶，同时自私自利之人最没有缘分，最没有出息，这样的人生最没有前途。与此同时，此类人只会算收入上的实数，不懂付出人生无形效应。在数学上也称不懂负数及零，高度实惠。故此类人生在数学上也称为“自然数人生”。这类人生没有智慧、觉悟，全无明辨是非能力，遇到人和事只会点点头，这类愚昧人生是需要点化开智的。“人生看重一百元，不管以后赚到上千万元，但从某个意义上讲，仍然都是一百元”，我用此语与大家共勉。

一个人如果人生坐标可以升华到“线的人生”，在几何上称“数轴坐标人生”或“点的集合人生”。因为数轴上的线是点的集合，有原点、方向及单位长度，且单位长度在数量上又有正负之分，故人生的量度较大些，懂得失，较安分守己，人生数理较为分明，诚实守信，较开明，对人生简单问题基本上能明辨是非。人生笔直如箭，思想单一，头脑简单，对人生一线希望、一线生机、前途、理想的追求可以说矢志不移，人生路线正直，前程一线光明，社会上为一个职业奋斗终生，而不为事业奋斗终生之人，就是此类的典型代表。这类人做人做事都是从单维角度简单直观地去思考问题和解决问题，帮助朋友也只能从道义礼节“一点小意思”上进行帮助，但心中总是存在着我帮你，但你以后发达，你能帮我的“点集”对应关系，这种人是一个实心眼儿，实报实销，讲求实效的人，评价人和事都只能从外形直观评价，只会做表面文章。由于气量虽小，但对人生之正义有时还有点人情味，其人生的思维方式是纵向单一思维，照本宣科，遇到一点困难就一筹莫展，智慧不高，觉悟不足，缺乏透过现象看实质的能力，对新人、新事、新观念的反馈能力、接受能力较差。这类人斤斤计较，唯利是图，急功近利，人生品位不高雅。由于体态不正，气量有限，当邪念出现的时候，其心理易失去平衡，易招物极必反、天诛地灭的杀身之祸。像这“点的集合”人生坐标在代数上只能称为“有理数人生”。此类人生坐标之人应增加智慧，必须熟记一下古代名句“知人者智，自知者明”“智者不愁，多为少忧”“聪者听于无声，明者见于无形”，认真学习，知识能增强智慧。

一个人如果人生坐标能发展定位到面上的人生，即“平面直角坐标系的人生”，简称“平面人生”。达到此类量级的人，聪明有智慧，头脑灵活，做人做事观前顾后、面面俱到，前途一片光明，是一个最讲实惠的现实主义者。此类人有一定的理论知识和丰富的社会经验，理论与实践基本上达到“学以致用”的数学平面对应关系的水平，能用纵向与横向对应关系的思维方式理解问题和解决问题，做事权衡利弊，务实精明能干，息事宁人，他懂得做人“首先要协调好自己，然后才能协调好别人的道理”。遇到困难和问题，他能很快寻找出解决问题的方法，同时针对出现的问题，能及时制定出解决问题的方针政策和规章，表面较大公无私，诚心诚意，能从不同的角度帮助人和包容人、理解人。在批评人时，他懂得根据人的性格特点，用“换一种思维或换一种口气”，面对面坐着进行批评。因为有时用含蓄的语气比损人的批评更强，能不断学习新知识开拓自己新的思维和观念，在创新中不断探索，在创新中不断前进。创新是永恒的主题，只有创新才能成为时代的弄潮人。因此到这量级之人基本上不怕社会的下岗、失业或炒鱿鱼的威胁，面对广阔的社会，他已经真正达到“此处不留人，自有留人处”的境界。做人心地善良，为人方正，实事求是，客观公平。这类人具有丰富的智慧，这类人生在数学上称为“实数人生”。但这类人缺乏一定的觉悟或悟性及灵性，最怕聪明一世，糊涂一时，当心怀邪念时，易鬼迷心窍，急功近利，贪赃枉法，执迷不悟，物极必反。所以这类人必须“调息观心、深思感恩、自强不息、厚德载物”，方能成大器大业。

如果一个人的人生坐标达到三维立体坐标的人生，即“立体人生”，那么达到此境界的人生最起码的条件必须是领悟到世尊所说“天有天心，地有地心，人有人心，如天、地、人三心一正，百邪隐避；三心不正，百邪作祟，心经中有无量无边功德，不可思议”的意境。从我国著名的数学家苏步青先生所提出的“立体人生”也可以证明苏步青是进入此境界之人。达到此境界之人无比高尚伟大，体察民情，体正气昂，不失体面，做事观前顾后，思左想右，思上思下，以天、地、人三极立体的观点考虑做人和做事，他效天法地，懂得天、地、人合一的宇宙道理，懂得天、地、人循环轮回规律和道理，通人性哲理，决不做伤天害地和有损心体之事，弘扬正方体方方正正之正旺之气，和谐刚健，仁义礼正，敬以直内，义以方外，自强不息，厚德载物，一生所做之事、所行之德，可谓神敬鬼钦人尊。

三维立体坐标的人生，实际上也是天、地、人三维的人生，形方体正，容量巨大，能载万物。人文社会，以人为本。故所有的人文活动的所作所为，只不外是宇宙一星，基本上达到真诚清净，看破放下，超凡脱俗入圣的包容境界。俗语云“君子不计小人过”，对这类境界之人更是小儿科。形方体正，能量巨大稳定均匀，使此类人生物磁场，场态强旺平稳，一身正气，志存高远，心体刚正，刚柔相济，心态极好，人体系统内物质与能量能够长期保留相对的动态平衡状态，故此类人心体健康，气量巨大，智慧高，悟性强，基本上是福慧之人，人生之三性（人性、悟性、灵性）全通，心境常青。故对人有“一颗平常心”，刻意追求卓越的野心早已抛到九霄云外，能忘掉不如意的烦心，能摆脱平凡愁苦的困扰，注重静以修身，俭以养德，实为利用方正之场态，进一步养旺正之磁场，利于同旺正的朋友汇聚在一起，为人处事讲究缘分。因为物以类聚不是无缘无故的，而是由彼此之间生物磁场的波长频率默默锁定的，所以“缘分可遇不可求”也属此道理。到达此量级之人，宽容心极大，遇事“从容不迫、不慌不忙”，这也是人生进入一种更高境界的特征，到达此境界之人，能克服浮躁心理，面对红尘滚滚世界，视功名利禄不过是“过眼云烟”，他心平气和、安详、恬静。

从立体坐标的发展方向看，即在空间解析几何中称为数学梯度看人生，说明做事做人都应注重三极平衡发展，同时也必须抓住天时、地利、人和的时空机遇，真正做到顺其自然，应运而生，防止单极发展。如若对出现的单极发展不加以纠正，必将出现形体的太极扭曲，使原来方正之体发展为长方体以至不成体，这时三轴已失去二轴，人生坐标出现偏离，就会出现物极必反、天诛地灭人亡的现象。因此进入此境界之人，做人做事注重复合多极平衡发展，注重无形效应和长期效应。对富的理解，不是腰缠万贯称为富，而是只有无形资产（如声誉、信用）与有形资产（资金财产）都富有的人才称为富人，这样之富人才达到富而“仁爱宽厚”，才人敬人尊。这种境界之人在贫穷时，高风亮节；在极端困苦时，神情自若，懂得黑暗中的黎明就是曙光；在富裕时，居安思危，常怀忧患，注重知足常乐，适可而止，时时警惕物极必反。故他的人生是健康、永恒、幸福、快乐、长寿的大圆满人生，此类量级之人，在数学上称为“数集人生”。

由此可见，人生坐标概念是相同的，但不同的人所处的量级是有差异的，造成人的世界观和人生观千差万别。为能更好地升华人生，我们必须加强学习文化知识，吸取社会经验，提高综合素质，增进智慧，提高悟性，使我们的身心能向更高量级的人生坐标迈进，力争做一个立体人生境界之人。

点人生

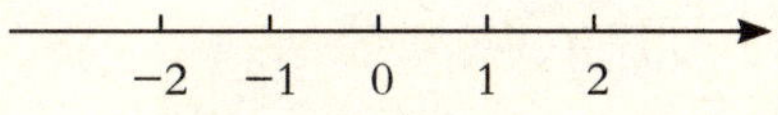

线人生（数轴人生）

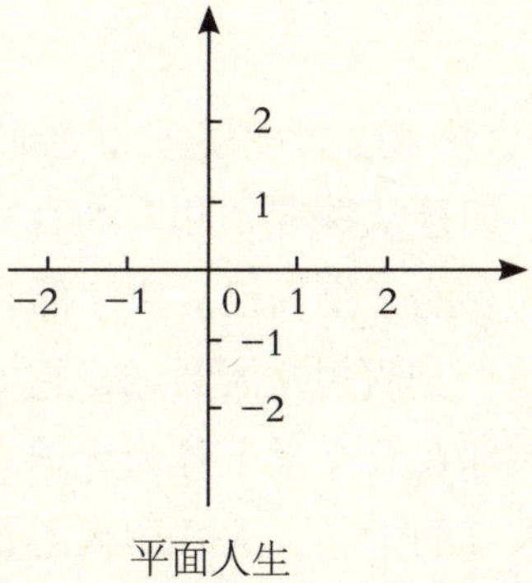

平面人生

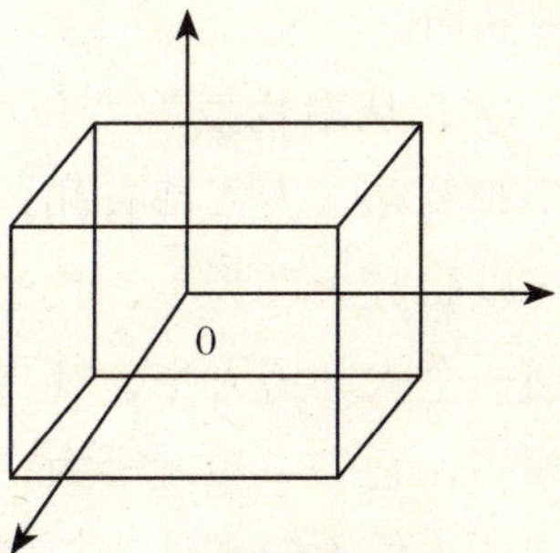

立体人生

“和”的真义与人生准线

“和”是我国传统道德文化的重要字眼，又是儒家思想体系的重要组成部分，也是现今我国构建和谐社会的主题，是为人处世的最基本条件和准则。但是社会上的人们对“和”字的认识和理解，存在着很大的差异。“和”字在认识和理解上有大和、中和、小和之分。如果一个家庭能和，则这个家庭必定万事兴旺，文明礼正，和气致祥，美满幸福。如果一个单位的领导处事为人能达到和，则这个领导为人处事必定公平合理，以理服人，也必然会得到同事的支持和爱戴。如果一个人为人处世的心态能和气，则这个人身心健康，一身正气，深受社会民众的支持。如果一个国家的治理能达到“和”字境界，则这个国家的人民必定谦恭礼让，感恩戴德，生机勃勃，素质高尚，安居乐业。

但是，当今社会，人们对“和”字的认识和理解还是十分肤浅、模糊的。为使社会民众明白“和”字的真义，特将“和”字进行释义，不妥之处敬请读者包涵指正。

“和”字，从事物发展变化来说，有大和、中和、小和之分，物物都有和，事事都有和，人人都有和，“和为贵”。但是从探究“和”的真义来说，我们应以研究大和为主，其他之和，都是大和的子集而已。人生活在地球上，任何一个人仰望天空，都可以看到天空是一个假想的大圆球，它的球心就是观察者，它的半径无穷大，这个假想的大球在天文学上称为天球。这说明地球上的人们不管在什么位置，人人都是天球的中心，人心即天心，这是地球与天球的和。同时又说明老天对我们任何一个人来说都是公平、公正的，是和谐的。同时说明地心、天心、人心在宏观上是在同一直线上，人心通天心、地心，这是人与天地和；由于地心与人心的距离相对于无穷无尽的天球来说，微不足道，故从宏观角度来说，天心、地心、人心可视为三心合一，这又说明和的最高境界，即和与天地准。所以做一个真正和顺之人，要尊重天地，千万不要怨人、怨天、怨地。

但是地球上为什么有人类？地球上为什么有万物？这是地球的重量及日地距离具有和的两大德性所造成的。其一是由于太阳与地球的距离适中，也就是日地之间距离之和，使地球上的水保持在0℃—100℃之间的温度，这是液态水存在的温度范围。如果日地太近，温度太高，热扰动强，原子不能结合在一起，不会形成水分子，就没有生命物质存在。如果日与地距离太远，地表温度太冷，水以固态或晶体存在，地球上也无生命物质。其二是由于地球本身体积质量适中，也就是地球本身体积、质量之和，其引力把地球上面的气体吸引住，使地球表面形成大气层，使地球上存在着生命物质所必需的大气。如果地球体积、质量太小，引力也太小，各种气体被逃逸到星际空间，地球上也无生命物质。如果体积和质量太大，地球上引力也太大，地球表面大气也无法流动循环再生，地球上生物也难以生长。所以地球与天、日及本身具有三和的德性，使地球表面有水和气，在这大和作用下，使地球上有万物，即和能生万事万物。

由此可见大智慧之和是大和，和的最高境界是和与天地准，其余之和都是大和之子集，即小和。小和中之和是随时空和历史条件而限制的，但最基本之和是什么呢？这从“和”字本身之结构可知。“和”由“禾”与“口”组成，由于中国古代是小农社会，所以造字深受小农社会历史条件的影响，“禾”字是禾苗、庄稼、作物，引申到土地，“口”字是牲口、丁口，即表示一个家庭，有一定数量的土地、庄稼、谷物，丰衣足食，又有丁口、六畜，这个家庭就是和顺之家。如果把“禾”字引申为植物，“口”字引申为动物，即“和”字本身构成一个生态系体。在生态系统中，有适中数量种类的植物以及代表性树种，同时又有一定数量的动物。当这个生态系统的物质和能量达到相对稳定的状态，即生态平衡，这个系统就是和谐系统，即和谐环境。同时，当社会上的人们与环境中的物质和能量相对稳定时，这个社会就是和谐社会。

因此，一个人为人处事中规中矩，这个人是和顺之人；一个家庭的生活环境、处世以及夫妻之间理念比较接近，双方基本上都可以接受，这个家庭是和气之家；一个国家制定方针、政策，如果符合广大人民群众利益，这个国家必定和平安定。所以“和”字对个人、家庭、国家以及全世界人民来说具有十分重要的意义。

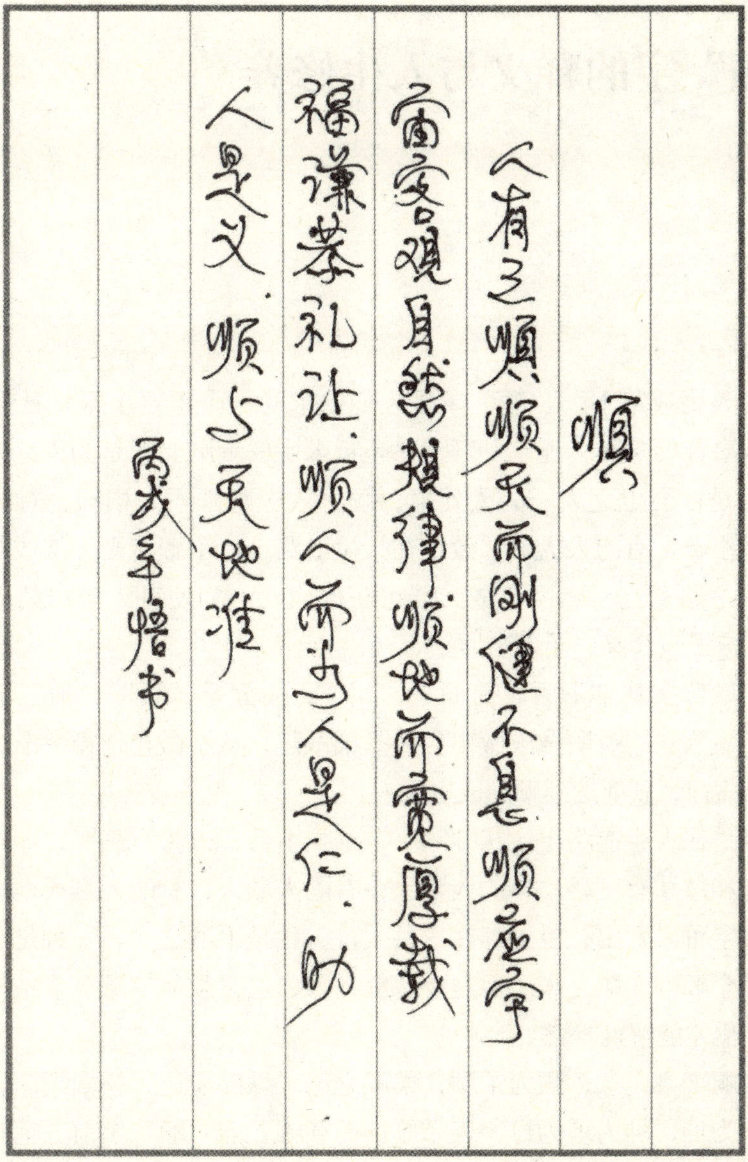
顺
人有三顺，顺天而刚健不息，顺应宇
宙客观自然规律，顺地而宽厚载
福谦恭礼让，顺人而为人是仁，助
人是义，顺与天地准
丙戌年悟书

“顺”字的释义与人生修养

在人生道路上，“顺”字是人们追求的一个重要字眼。社会上的人们为人处事都要求顺，连求神拜佛，也祈求平安大顺。顺是为人之道，道德之本。但是社会上之人，为人处事，顺之效应则都不大相同，有的人不顺，有的人小顺，有的人大顺，致使在人生道路上，不顺者则无法成功，小顺者则成功之路遥远，大顺者成大器可获得成功。为使世人明白其道，特别将“顺”字进行释义，予以参照。

“顺”字从字形看，前面是“川”，后面是“页”，前三笔是从小到大，从短到长，说明做人做事应从基础做起，从小做起，循序渐进，顺从自然发展规律，就能达到顺利成事成人。

但是在人生道路上，从“顺”字结构上看，人生有三顺，即对“顺”字的理解和做法有三种。有的人顺己，有的人顺人，有的人顺天地人。因此从“顺”字可以看出，世上存在三种人，一种是不顺之人，一种是小顺之人，一种是全顺即大顺之人。但是要解释其因，这必须从“顺”字结构所包含的易学文化才能解疑答惑。

“顺”字之意，顺为柔顺，柔顺之德，纵向无边，横向无涯，宽厚而博大。顺为坤，坤为地为母，表示厚德而载物。而“顺”字前三笔“川”，即“☰”之意，其义一表人生有三顺；二表乾卦，乾为天为父，表刚而健，自强不息，且“☰”乾卦，从上而下，上爻为天，下爻为地，中爻为人。因此在人生三顺中：

顺己者：为“顺”字中爻之一员，即在社会群体中，唯我独尊，老子第一，狂妄自大，心量极小，眼中无人，这种人为人处世，必定障碍多，阻力大，到处碰壁“不顺”，故这种人在人生道路上是无法成功的。

顺人者：顺从“顺”字中爻之人，即在社会群体中，顺从他人，对人处处恭维奉迎，做老好人，说老好话，不明辨是非，奴才相十足，人生定位低，人生目标不高，在人生人轴坐标上顺人应人，即小顺之人，小人也。这类人在人生道路上，其成功之路是遥远的，暂时的。

顺天地人者：上、中、下爻全顺之人，是真正全顺、大顺之人，此类人之顺是君子之顺，他深明天地人之道，深知顺中含坤，顺中藏乾，即顺中含天、含地、含人之道。因此顺中含地含天，这样发展组合，则顺中也含泰之卦（即地天泰），泰则安，泰是吉之卦，所以全顺者，则平安大吉也，君子全顺大顺者，做事为人，顺其自然，自强不息，厚德载物，心智相通，刚柔相济，高度智慧和顺，做大事、创大业可得成功。

因此通过对“顺”字进行全面彻底的剖析，希望社会上的人，能增进知识，提高智慧，争做一个成事在天、顺事在地、谋事在人的全顺福慧成功之人。

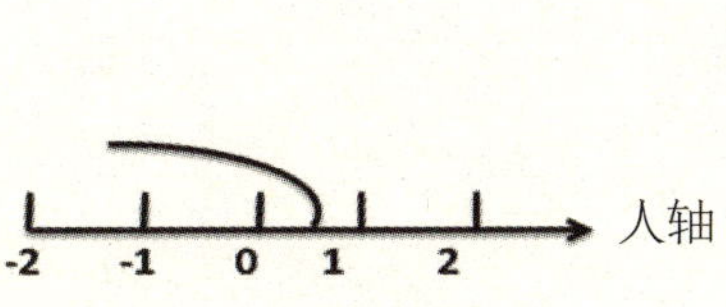

顺己：不顺之人轨迹图

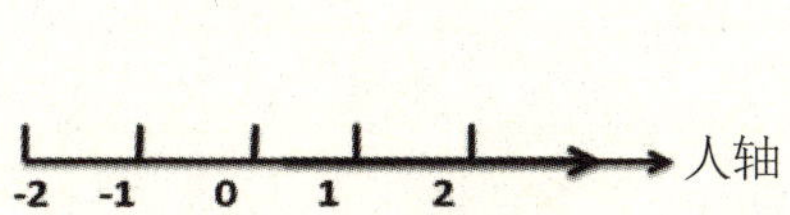

顺人：不顺之人轨迹图

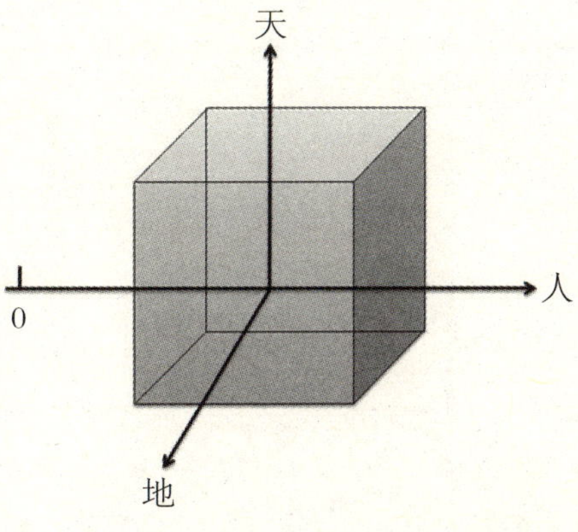

顺天、顺地、顺人：全顺大顺之人轨迹图

仁

人生天地间为仁，仁为元性属木，而木能生为人，故仁者终生为人也，是为人之本

庚寅年悟书

“仁”字的文化内涵与做人之本

《论语》曰“仁者爱人”“智者乐水，仁者乐山”。

“仁”字从表面结构组合上看，是表示两个人。其义是指二人为仁，即一个人不成仁。仁是相对的，只有与人比较，才能分辨出仁与不仁。这也说明仁有高低级之分，低级之仁者是与人相比，而高级之仁者，则不是两个人相比之意。

仁者见仁，“仁”字之两横画，在中国之易学文化上，上横线表示天，下横线表示地，两横画之间，表示天地间。在天地之间有自然界，自然界中有山、水、大气等物质，动植物和微生物及人类。而人类在社会群体中，仁者与众不同的是效法天之崇高伟大、刚健不息，效法地之温顺、谦恭礼让、厚德载物。这也说明仁者能参赞天地，化育万物，仁者与天地准，是人生最高境界的体现。因此大仁之人顶天立地，超凡脱俗，安定，不逢天灾人祸，无忧无虑，像山一样，境界崇高，与圣人同类，与天地、日月同辉。

仁者不但能效天法地，还能效法自然，由于仁的精神是无忧无虑、崇高伟大、宽厚博爱的。因此在自然界中，仁者之精神与山的品格十分近似，山的品格是宽厚、顶天立地、雄伟高大、安定丰富、无忧无虑、超凡脱俗，不管天灾人祸都是永远耸立的，故仁者乐山。

在易学卦象上，艮为山，艮卦表示仁爱和顺，文明高尚，贤孝仁正，民主自由，遵纪守法，安定而有生机，后山总比前山高，因此“仁者爱人”“仁者见仁”的境界就像孔子所说的“登东山而小鲁，登泰山而小天下”，是仁者乐山的崇高境界和立体思想的体现，也是仁者智慧的结晶。

在易学上，仁为元性，五行属木，木有草木、花木、树木。草木、花木、树木天天通过光合作用为人类输送大量氧气，草木美化环境，美丽的鲜花奉献给人类，果实为人类提供食物，草木凋零的时候，给人类做燃料，成材之木，给人类做家具。草木终身为人，所以仁的最高境界，仁的大道“终身为人”。这样的仁才是真正的仁，也是仁的真义。

仁

仁在天地间

为人是仁

助人是义

为人助人有仁义

“爱”的真义与人生境界

“爱”在词典释义上是对人或事物有很深的感情。爱是爱惜、爱护或喜欢等意思。但这都是爱的引申义，而不是爱的真义，所以世上之人由于对爱的理解既不深，也不真，使社会上的人们对人、对事都不懂怎样做才达到真爱，从而导致有的人友爱不深，家庭、爱情破裂。那么，什么叫真爱呢？真爱应追溯到易学，用易学来解释“爱”字的组合就可知其真义，原因是中国文字是世界上最有内涵、最明义理、有丰富的易学文化意义的文字。

“爱”字从结构看是由上、中、下三部分组成，合成“一体”文字，则包含丰富的天、人、地易学道理。其中心部分是“心”字，属人道范围，表示爱的中心是做人做事一定要有真心、善心，要有仁义之德；且在心之上加“冖”，它好像人之肩及双手，其双手表示对人献出真心、善心。广施仁义，才是对人真爱，即对人只有出自真心及仁义，才是真爱，爱是人与人之间心里仁义付之行动获得共鸣的表现形式。

“爱”字上部是“爪”，含有“☰”乾卦的符号，再加“丿”顶承，因为上为乾，为天，为长者，为男，表示高远、自强不息的卦德。所以，有爱心之人，肩是顶天的，心是高远的，是崇高的，为人做事是自强不息的，是平等公正的，是多情的，时时刻刻是关怀至上的，即有真爱、大爱之人，头脑是崇高、伟大的，行为自强不息，性格刚毅勇敢，对人平等公正，时时刻刻关心爱护天下之人。

“爱”字下部分是“攵”，既有“友”字之意，又有“文”字之意。因为下为坤，为地，为母及女性，表示温顺、礼让、厚德载物之卦德，所以有真爱之人，对人像大地一样温顺、谦恭礼让，像大地一样包容、博爱，即朋友之间要出自真心才能达到友爱。以“文”字解释则又表示爱心中的语言、文字要温文尔雅、和顺、谦虚之意。

因此，爱有大爱、中爱、小爱。小爱出自人道，表示人与人之爱一定要出自真心，两个人的欲望、境界、理念、认识、行为完全一致，彼此之间所思所念正中下怀、心心相印、同心同德，达到这样的境界才算是“爱”。如果是基本达到或勉强折合、委屈顺从者，这不是爱，是和。因为人心是动态的，所以小爱是活泼的，是随时空变化而变化的。而人的心念、欲望也是随时空而变的，小爱是不长久的。小爱只有在达成真爱时，在实现欲望过程中双方无比满足，即十分和谐，而在原有基础上不断保持平衡发展，方可相对长久。

中爱是在人地两道进行的，是在小爱的基础上彼此温顺相敬，谦恭礼让，厚德载物，不做损人、损地之事，因此中爱比小爱长久，感情深厚。

大爱，即大智慧之爱，其心善念多，为人不执着，人生看得空虚，欲望小，心量大，对人与事能达到看破放下，爱天、爱地、爱人，孝敬爱护天地，孝敬爱护父母、长者及身边所有的人，他的爱是崇高伟大、自强不息、温顺、谦恭礼让、厚德载物、仁义和顺的，即大智慧之爱。参赞天地，效天法地，化育万物，是大智慧之大爱，是爱与天地准。

爱的真义是爱与天地准，所以我们在社会上为人做事所付出的爱以及对家庭付出的爱，最基本的条件是应出自真心，应做到大仁大义，千万不能口头说或者在纸上写“我爱你”，因为简体之“爱”字，写法无心，在卦象上就失去了仁义，所以简体上的“我爱你”，实质上是我无心、无仁无义地爱你。故出自真心之爱，一定要写成繁体之“愛”。在出自真心、仁义之爱的基础上，再效天——刚健、崇高、自强不息，再法地——温顺、谦恭礼让、厚德载物，力争把自己发展成为一个由小爱到中爱，最终达到参赞天地、爱护万物的智慧大爱之人。

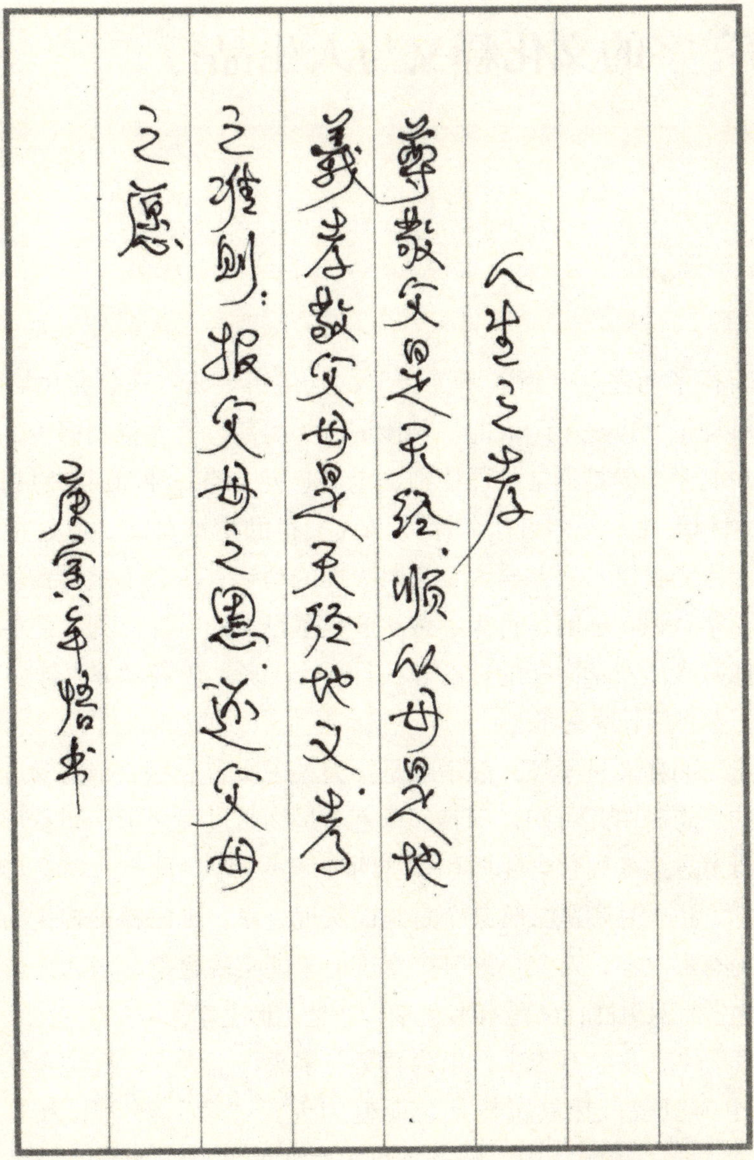
人生之孝
尊敬父母是天经，顺从父母是地
义，孝敬父母是天经地义之孝
之准则：报父母之恩，遂父母
之愿。
庚寅年[illegible]书

“孝”字的文化释义与人生品行

“百行孝为先”“百善孝为大”，这俗语说明：孝，是中国人自古以来的一种理论，也是中国人的一种传统行为规范。“妻贤夫祸少，子孝父心宽”，说明孝不但是纲常伦理法则，也是心灵上的一种沟通和慰藉。孝，是人的报德和天性，是四五千年来中国人宝贵的精神财富。但是在人生道路上，由于人的素质水平差异大，且对人性的理解、研究不足，致使不同的人对“孝”字认识、理解、行为、做法产生了很大的差异。为了使更多的为人子女者能对人生“孝”字的理解和践行更为深刻，特将“孝”字进行剖析，望为人子女者能开悟尽孝。

“孝”的释义是孝顺，而孝顺是指为人子女者应尽心奉养父母，尽心顺从父母的意志。由此可知，奉养父母之孝是物质过程之孝，即有形之孝；而顺从父母意志之孝则包含物质和精神两种形式之孝，即包含着有形与无形两方面之孝，也就是顺从父母某个意志而实现之孝，则由精神转化为物质，由无形转为有形之孝，对父母的某个意志而未能实现之孝，则为无形之孝。由此人生之孝有双重性：一是有形之孝，一是无形之孝。

“孝”字在易学观点上，上为“考”字头，上为天，而“考”字释义为父，引申为祖宗，卦象属乾卦，而乾为天。“孝”字之下为子，且下为地，意为人子者应顺从地、顺从父母祖宗才为孝。因此奉养父母是为人子女之天职，是天经；而顺从父母之孝是地义，故为人子女者孝顺父母是天经地义的。

从“孝”字的字形还可以释义，上面为“考”字头，而“考”字释义之一为父及祖宗，释义之二为“祖宗提出疑难问题让子孙来回答”。因此“孝”字暗藏着为人子孙者要堂堂正正做好父亲或祖宗的好子孙，就要解答好父亲或祖宗提出的疑难问题，对祖愿应记得深、记得明、行得正、做得对，完成祖宗的心愿，且能光宗耀祖才能称得上孝。但是为人子孙者，对父母祖宗的心愿有的已经完成，有的未能完成，因此“孝”字从形式理解又包含有形的孝和无形的孝两方面。

从“孝”字之字形可知，孝包含天、地、人三方面的因素，说明孝不是单一的，而是复合的、三维立体的。因此孝顺父母的层次、方式是不同的，有的从人道一极孝顺父母，有的从地道一极孝顺父母，有的从天道一极孝敬父母。但是在此三种方式孝顺父母的路径上，中国人出自人道一极孝顺父母者占绝大多数，此类之孝为愚孝；出自三维立体之方式孝顺父母者甚少，要从三维角度孝顺父母之人，一般人是很难做到的，只有“人性、悟性、灵性”，即人生三性全通之人才能做到此类之孝。

因此人生之孝形式虽多，但只有从有形和无形的方式奉养父母，顺从父母的意志之人，才可配得上“尽孝”，或者从三维立体的方式奉敬父母，顺从父母的意志之人，也才称得上“尽孝”。此类之子是孝道之子，即天之孝子、地之孝子、人之孝子。故此为人子女者，应更新观念，提高认识，真诚清净，看破放下，弄通人性，力争做贤明孝道之好子孙。

感

咸心乃感。易曰：山泽咸，泽为之情属义也，为土属之气之信，故山泽通气之心为感。有信有义才有感恩心，知感恩者为正人为君子。世上感恩世界上之人为社会上最大幸福知德之人。

辛卯年植书

“感”字的易经真义与感恩人生

感是人生精神上的基石和障碍，是人生精神境界上的乌云和太阳。人生只有感通才能领悟，即达到心领神会的境界，才能启开智慧，才能明心见性，才能得道和德，才能达到无为以至无不为的最高境界。因此，懂得感恩的人生，对提高自我境界具有十分重要的意义。

人生之“感”字，由“咸”与“心”二字组成。《易经》卦辞，曰“咸，感也”，即咸是感，感也是咸，但咸字之卦上是泽，下是山，即泽与山就是咸；泽为兑，兑为悦，泽里有水，泽为阴，五行上为金，为元情，表示情义，为少女；山为艮，为阳，为少男，五行上为土，为元气，代表信。因此，“感”字实际上是心上有山有泽，即“感”字实质上是以信义为本，感“山泽之情”。所以人要做到有信有义才有感。

泽里有水，故泽以润生山上万物，使山上万物和悦，而山上和润的植物水汽不断蒸腾，及泽上之水蒸发上升到一定高度，气温降低，水汽凝结，形成降水，而降到地面之水一部分沿地表流动成径流，一部分下渗成地下水，也滋生万物，使万物和悦，最后都归到江河湖泽。这种水的循环，使山泽通感，参赞天地，化育万物，这样催生出感的最高境界，“感天、感地、感万物”，即感与易、道、和的境界一样，“感与天地准”。

由于泽为少女，为阴，而山为少男，为阳，故“感”字在人类社会中，心上少女配少男，阴阳相生，就有夫妻、父子、君臣。君以感恩惠养民，民无不和悦。因此，如果一个人能感父母之恩德，孝敬父母、兄长，能守持正道，以诚信为基础，和悦待人，真心真意感恩惠于人，这个人定能使人感动，这个人定能进入上流社会，走向成功。

由于兑中有水，金生水则有情有义，且智者乐水，而仁为山，仁为木，仁者乐山，所以“感”字实质上心感智慧，仁德有情，即有感恩之人，实质是智慧、信义、仁德、有情之人。这里也可以体验到生在感恩世界上的人是最幸福之人。

此外，“感”还在磁学上有其独特意义。由兑属金，即金属元素，山属土，土中藏金，在地磁作用下产生磁场，故感觉在心头上就有磁感应，就能彼此信息相感，意念相应，心灵相通。

因此为人处世，在保持平常心待人做事的基础上要精进，要任劳任怨，大公无私，知足常乐，要感天感地感万物，才能超凡脱俗，升华人生，才能从平常社会迈向感恩社会，才能幸福。

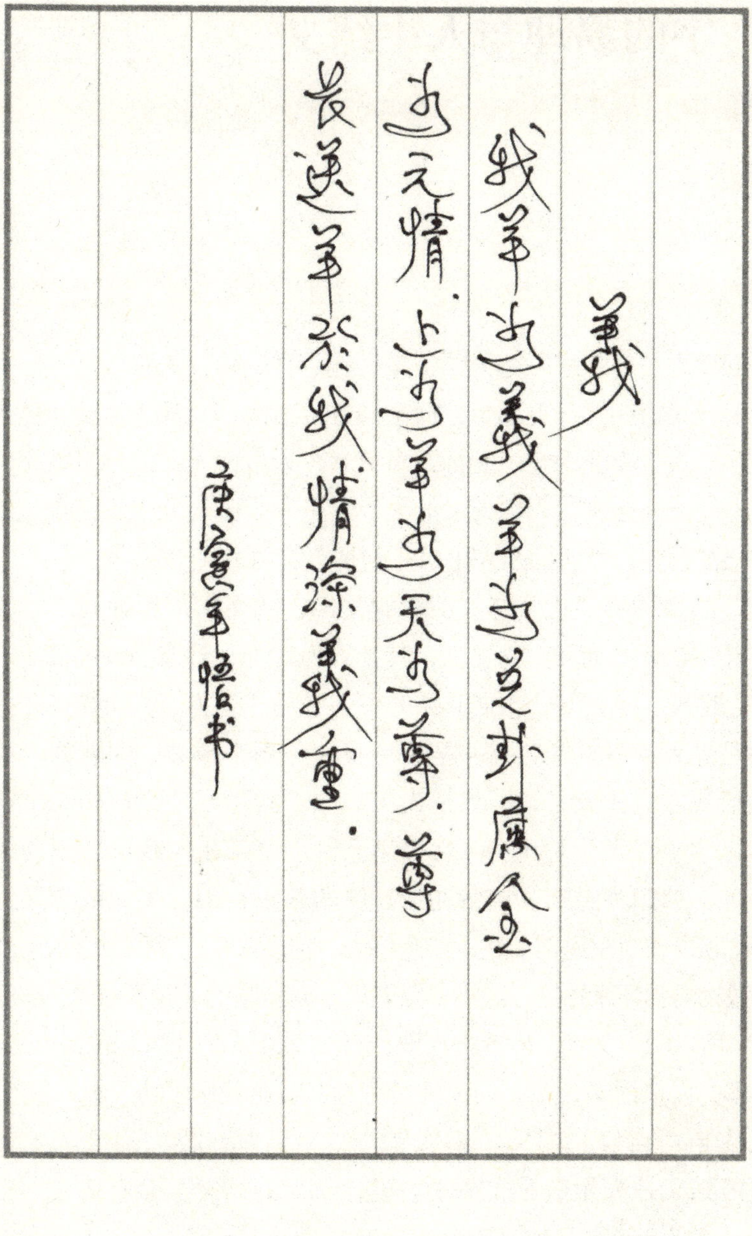

“义”字的易理与人生结义

义是五德之一，人之五德为仁、义、礼、智、信。义在精、气、神、性、情中属元情，元情在五行上属金，而金的方位在西，其卦为兑卦，兑卦之代表性动物为羊。人生不能无金，无金万事莫举，无金即无义，无义就无情，所以人生在世不能无情无义。无情无义的人生，是一事无成的人生，也是破败的人生。义之德在人生各类活动及人生事业上具有重要意义。

“義”的结构为“我”与“羊”的结合，属上下结构，在易学上，上为天，为长者、尊者，为父，为男人，其卦天为乾卦，其德为崇高伟大、自强不息、刚健之精神。上为羊，位居其西方位，卦为兑，为金，金属义，所以羊与我实质上是老天或者尊长，祖宗把金给我之意，金属义，即老天、尊长、祖宗、领导给我或对我大义，即大情大义，如“天送羊毛，情深义重”。所以“義”字之“羊”表天对我情深义重之意。而下部是“我”，下为地，为坤卦，坤为地，其德为温顺、谦恭礼让、厚德载物，因此大义或金义之意是老天、尊长、领导或祖宗送羊于我，崇高伟大，情深义重，我必须以温顺、谦恭礼让、厚德载物的胸怀来接受，决不辜负老天、老前辈的期望，才是真义、大义、情深义重。所以明大义者，应感激天地、尊长、领导、朋友、祖宗对我的恩典，应以义为本，以情通义，做个大情大义之人，事业就能成功，做人就有意义。

大义靠自悟自修，中义、小义靠“结义”。在我们的日常生活和工作中，能不能结义是人生事业成败的关键，常见的结义主要有情义、仁义、钱义、礼义、信义、道义、德义等。

一、情义

义是元情，所以义通情，情通义。有情必有义，有义必有情；无情必无义，无义也必无情。无情未必真豪杰，英雄难过美人关，也是由此情与义的关系所系的。人生在世真是“金钱如粪土，情义值千金”。人与人交往，注重情义之人还是比较多的。夫妻之间、兄弟之间、朋友之间、亲人之间都要彼此注重情义，有利可图，应彼此合作，共同分享；有困难之时，应真心诚意，慷慨相助，能够做到彼此感恩戴德。只有彼此之间能做到感恩戴德，才能达到情义深长。现今社会，由于功利心的膨胀，人们只学科学知识而不学人理、经典、大道，根本不懂情义。夫妻间、兄弟间、朋友间、亲人间严重缺乏感恩之心，使夫妻离婚、兄弟离散、朋友离心离德、亲人离情，都是由彼此之间无情无义、无良无心所引起的。因此人生在世只有情深义重方能百事顺。

二、仁义

仁义是五德之二德。仁与义是两个不同的概念、不同的德性，在易学上是两个不同的方位、不同的卦气和卦象。仁属木，木益人，人护木，仁者像木一样，才能仁者爱人。义为金，因此情深义重之人如果有智、有悟，就能义通仁，即情义之人，有智者就能成仁，如桃园三结义有智者，岂不是成仁吗？关公是典型的义智生仁之人，所以方能流芳千古。而仁者有礼有信方成义。结交仁友，由于仁者爱人，仁者益人，特别是仁者往往能以本人的行为、境界去熏陶人、感动人，使对方在其感动下、影响下改变观念而造福周边之人，这样之朋友是仁友。仁友如果能以礼相待，礼尚往来，使彼此文明、温暖，又讲信用，则仁友就会变成义友，这样的朋友是仁义的朋友。所以仁义结交之友是永恒大益之友，也是情深义重仁德之友。

三、钱义

现今社会，由于人不懂仁义，人生在现实生活中注重钱而不重情义。所以使社会上不少人结交朋友只看“钱”字，有钱才结交成友，这样之友称之为钱义之友。

现今社会，人们通过钱的往来，结成钱义之友很多，这里注重结交之义，不是大义，而是小义，短时空之义，即利益之义友，不是大道之心友。这种朋友在有利可图时如鱼得水，十分亲切。一朝发生矛盾，损伤利益则反目成仇，你死我活地斗争，这种朋友实为无仁无义之友。

“钱”字东边为“金”，西边为二支“戈”。这方位是八卦方位，不是地理方位。东属木被金克，即金克木，主小人多，口舌多，是非多，肝火旺，大动肝火之气。金是义，木是仁，金克木有自伤和他伤，自伤失义，他伤损仁，所以“钱”字之东部有损仁义之意，戈在西，也伤义，所以有钱人有的拥有仁义之钱，有的是不仁不义之钱。

“钱”字从结构上是人们靠拿两把枪去打斗所得。所以有钱之人，你一定要分清楚的是仁义之有钱人，还是不仁不义之有钱人。与有钱之人结交，一定要看对象，钱义莫私结，钱友不乱交，以仁义交友者永恒益。

四、礼义

礼义是结交朋友之前提，交朋结友都是由以礼相待到礼尚往来为前提，通过彼此的交往逐步加深，且在交往过程中彼此讲信用，用真心来实现情义。所以信是礼义结交的桥梁，也是礼义结交的基础。在这信的桥梁沟通下，才能生情义。

礼义是我国传统道德的重要组成部分，礼义之邦之人是中国社会最敬仰之人。中国自古有礼义之邦之称，不论是大型交往还是小型交往都要注重礼义，礼属火，是元神，火代表文明、自由民主、温和之德，义是元情。因此在易理上，礼义之交一定要文明、温和，是不是真心相待可看彼此双方之神态。如果神态真诚热情，行为文明、温和，双方讲信用，互相关心，互相帮助，自然而然就能达到情深义重，所以要礼生义，必须以信为本。

五、信义

以信结义，是结交朋友最简单、最快捷、最有效的方式，信与义是不用桥梁而能直接发生的关系。

信在五德中属土，居中宫，中宫为皇极，万物生长都离不开土，所以信在五德中，为中心之德，皇极之德、在易理上，五德实际上是以信为本，为第一大德。而义属金，所以信与义的关系是土生金的关系，因此信能生义，人与人之间、朋友与朋友之间能讲信用，同时真心诚意地交往，自然就能情深义重，这样的友人是信义之友。现今社会，经商之友多信义之友，如客户与银行关系实际上是信义关系，做人也应以信为本，信能生义。

六、道义

天下之人，结交义友多以五德之交为主，抛弃五德，以道结义之人较少。这里之道是指大道，何为大道，即天地人之道，以五德之交者，人道也，这样之交结义，与道义相比，无法比拟，人道结义，做事做人做给人看，与道结义之人，做事做给天地看。

因此会在道义上结交之人不是一般境界的人，而往往是开悟入慧、悟性通、灵性显之贤人、圣人或大德之人，他们一辈子几乎为大道而生，到处弘扬大道，讲经说法，普度众生，道济天下，他们之间只要道相同，就会不谋而合地结义，他们之间的关系是真正的志同道合的关系，他们之义对人类、对地球上的万物都是情深义重，其情义是五德结义的综合运动的结果，道义是最崇高伟大的结义。

义

尊五德

明义理

道为本

德为用

禮理

衣豆曲合成为禮，衣豆之屬示代表仁，卷曲是含蓄之文，故礼者为仁义之礼。人无礼不生，事无礼不成，国无礼不宁。

丙戌年惜书

“礼”与“理”的文化内涵和明礼人生

礼与理在古汉语中是通假字，但在现代文学中则同音不同字。礼是五德之一德，礼是元神，主要包括礼仪、礼物。而理，是指道理，包括天理、地理和人理。

“禮”字从结构上由“衣”“豆”“曲”三字组合而成。衣由麻丝所织，属木。豆也属木，表示食品。曲是布匹卷圆成曲，为礼品。木主仁，礼为元神，主火，为红色、紫色等。所以木是成礼之本，即仁生礼，只有仁者才懂得礼及送礼，且古代及现代送礼的物品，礼品多为红色或者外面都要包装成红色或紫红色，属火性，为元神，才是真正之礼品。古代送礼或行礼之时一定要奏乐，乐为兑卦，主元情，属金行义。行礼送礼伴随奏乐，表示礼义，即礼义之邦登临之意。礼仪是送礼、行礼的礼节及礼貌，彼此送礼和接礼都必须以礼相待，是礼尚往来的一种礼节。礼节自古以来是衡量一个家庭、家族、国家、人民的文化修养、文化素质的一种精神文明标志，有道德的家庭、家族、家乡、国家是非常注重礼节、礼仪的。中华民族受易道文化影响，自古至今都十分注重礼仪，自古以来被世界各族人民称为礼义之邦。礼对人对事对国的发展成败意义十分重大，受中国文化熏陶，中国人总的概括是“人无礼不生，事无礼不成，国无礼不宁”。

“理”为“王”与“里”的组合，王者之里，主要是指道理，道之理，道有大道、中道、小道，人生在世识小道者多，中道者少，大道者更少，人在小道上分辨事物模糊不清，辩论过程往往声大理就壮，或者官大出公理，其实都是小道之理。在大道上，则清清楚楚，有的甚至不辨自通。中国传统文化中之大道是天地人之道，现今社会有的人十分成功，在人道上显示得十分崇高伟大，人人敬仰，即他的事业为人做事显得十分成功。但当他参赞天地，特别是懂得天地之德，就会感到十分渺小。有的人现在成功，但他所干的事伤天害地，靠干伤天害地之事而发财，而且在人道上作秀，真是太不知耻。

人生在世，任何一个人都要讲人理、法理，个别境界高者还要讲天理、地理。人理的基本公理是仁义之理。人有仁有义才是人，否则是动物，是魔鬼。人还要讲法理，即遵纪守法，使社会有秩序，人民才能安宁，国家才能和平。有智慧境界者还要讲天理、地理，人要顺从自然，效法自然，效法天地之德性，做人才会崇高伟大。一个崇高伟大之人做人做事应达到神敬鬼钦人尊，才是成功成德之人。理与礼一样对人生做人做事十分重要，人无理不生，事无理不成，国无理不宁。

礼与理

小人做事重礼，君子做事重理

小人：有礼走遍天下，无礼寸步难行

小人人生哲学：以礼服人

君子：有理走遍天下，无理寸步难行

君子人生哲学：以理服人

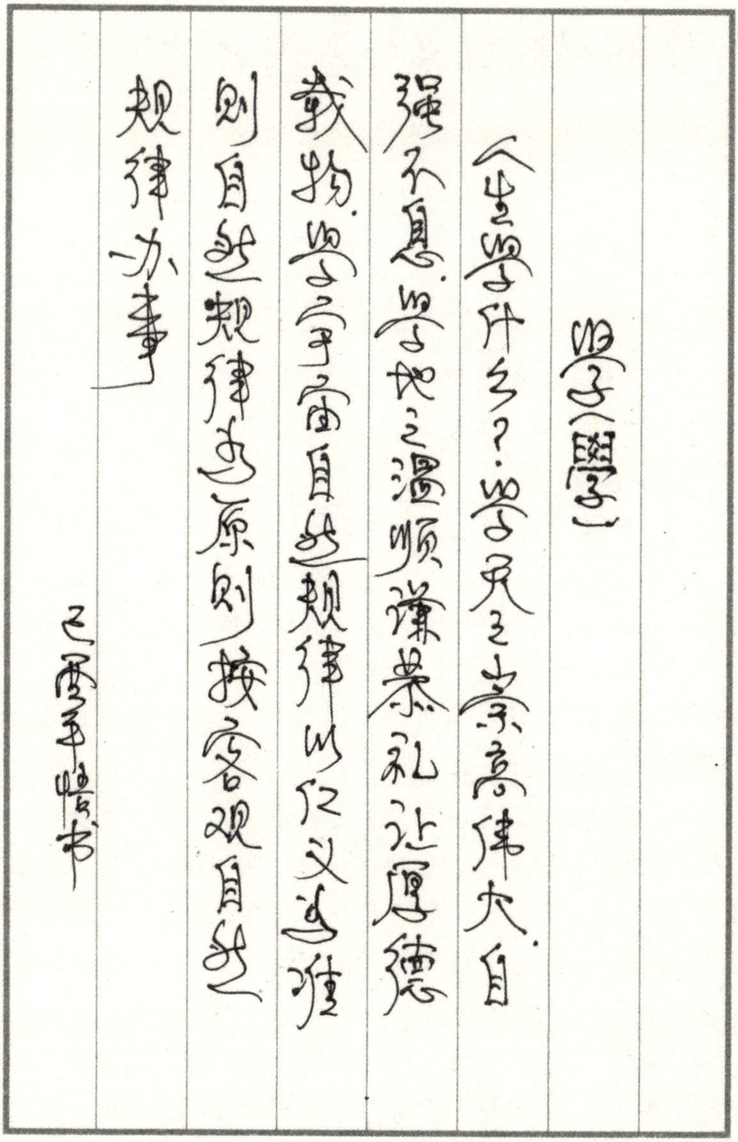
学（學）
人生学什么？学天之崇高伟大自
强不息，学地之温顺谦恭礼让厚德
载物，学宇宙自然之规律以仁义道
则自然规律为原则按客观自然
规律办事

“学”字的易经真义与人生之学

“学”这个简化字与繁体字“學”差别很大，简化字之“学”基本上已经失去了“學”字的真义。为使人们更好地认识这个古“學”，特将“學”字进行释疑，供大家参考。

“学”字在现代的新华字典上意义有五种：一是指学习；二是模仿；三是学问，即学到的知识；四是分门别类的有系统的知识；五是指学校。人生最关键的是要学什么？老师不知道，学子不知道，专家也不知道，其实“学”的字形和结构就默默地告诉了你。

“學”这个繁体字形中，古人先哲在造字时已经把做人要学什么，且学到什么境界和追求都清楚地告诉了我们：

一、“學”之上部大，下部小，且下部是“子”字。因为下为地，地为坤为母，表示柔顺、谦卑和厚德载物、宽容文明的精神。故下面表示身为学子不管想学什么东西，首先必须学习顺从、谦虚、谦恭，甚至要忍辱负重，心量宏大，要学虚怀若谷、文明向上的精神。

二、“學”字上部为“𦥯”，上为天，为头部，为父，且在组合上含“☰”，含“☷”，又含“爻”，即含乾坤两卦爻，表示在每个学者的头脑中，要学天地卦爻，以天地自然为效法的对象，知崇礼卑，即智慧贵在崇高，礼节贵在谦卑。头脑中要有学习自强不息的进取精神，又要有厚德载物、宽容道德和胸怀。要学习天、地、人循环发展变化的规律，并按照客观自然规律办事，充分发挥人的主观能动性。头脑中要“以参赞天地之化育”

为追求学习的境界，不断提高认识的价值，争做一个乐者。

三、由于上部为头脑，如果理解为一字之头部，那么“學”字就变成“字”字，说明学任何知识和技术，都必须从识字开始。识字是学习的基础和前提，只有真正识字，才能学通、学全、学透。

可见，学字是学天地人之道，以天地人为本，学而不厌，学无止境。

学

参赞天地

自强不息

厚德载物

知崇礼卑

智

知日成智，上达天知，下达地明。智者知天之道，明地之理。有智才有悟，智慧之门也。

丙戌年悟书

“智”感悟及智者乐水的立体思想

“智者乐水”出自孔子《论语·雍也》所言。但对不同智识的人，其理解产生了明显的差异。

小智者认为“智者乐水”是指智者心态及为人处世：

要像水一样平等，即为人处世都怀着平常心态；

要像水一样明净、仁爱和伟大，因为水是生命之源，水又能解渴；

要像水一样在大地中自然地流动；

要像水一样多情、快乐。

大智者认为“智者乐水”是指智者的心态及为人处世应像水一样生生不息地“参赞天地之化育”而流动，即理解水的流动。水不但在大地上流动，而且在天地间、海陆间生生不息地立体流动，即陆地水、海洋水通过蒸发或植物蒸腾，水汽上升到天空中遇冷而凝结，重新以降雨的形式降到地面，又在地面上流动的水循环过程。蒸腾、蒸发的过程，实质上是自我净化的过程。说明大智者为人处事，像水一样立体地参赞天地，自我净化，提高自我，以天地人为本，他的人生实质上是以天地人为本的立体人生，这一道理也说明人生的最高价值是“参赞天地之化育”。

智是五德之一德，智属元精。元精为水，自然界的万事万物中，水是最崇高伟大的。地球因为有水才有气，才有万物。因此水是万物之源，水对天地来说是最崇高伟大的物质。

自然界的万事万物中，只有水才能在天地之间循环再生，而且在循环再生的过程中，又能参赞天地，化育万物，所以水是自然界中最有智慧的物质。

上善若水，智者乐水，也贵在水能参赞天地而化育。

人生要有智，一定也要学会参赞天地之道。智慧出之大道，所以做人一定要学道，学圣人和贤人之道，才有智又有慧。

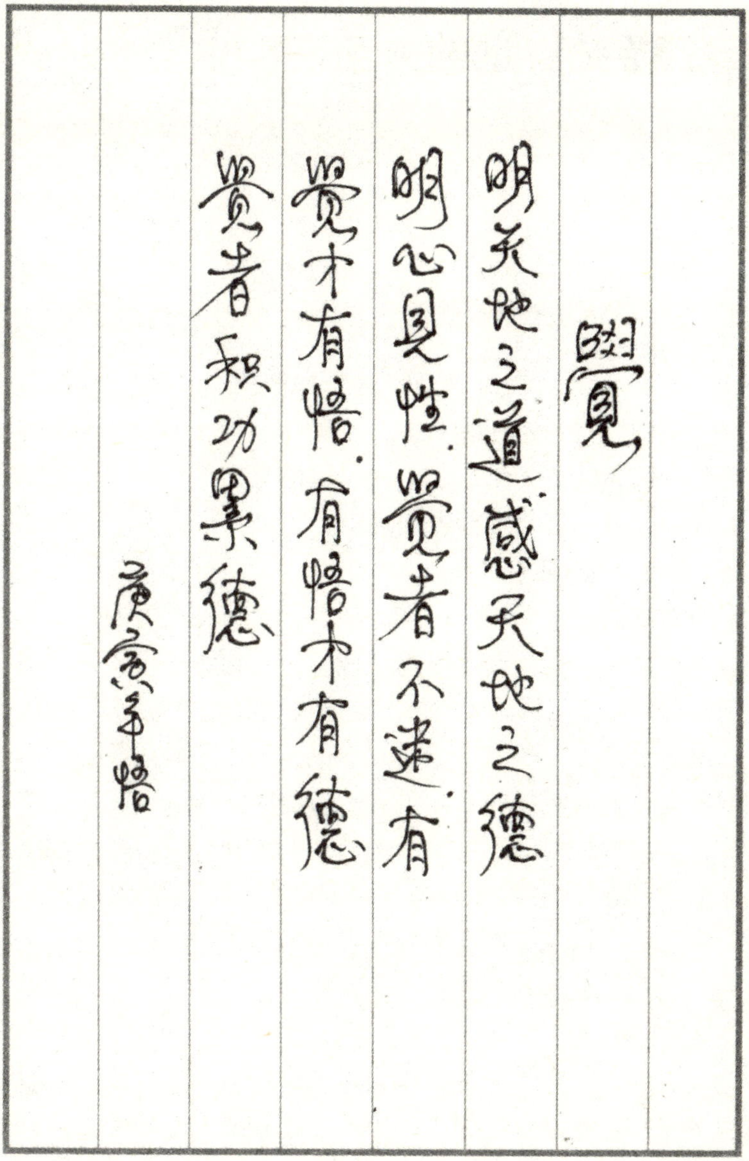

覺

明天地之道，感天地之德

明心見性，觉者不迷，有觉才有悟，有悟才有德

觉者积功累德

庚寅年悟

“觉”字释义与觉的人生

觉是指人或动物的器官对刺激的感受和辨别。“觉”字的另一义是醒悟。在我国文字中，特别是在佛学上，“觉”字是一个十分重要的字眼。佛犹觉也，分为四门，开觉知见，示觉知见，悟觉知见，入觉知见。若闻开示便能悟入，即觉知见本来真性而得出现。为了使人们更好地了解“觉”字，特对其释义，给予大家参照。

“覺”的结构，上为“𦥯”，中间为“冖”，下为“见”。可见中心字眼为“见”字，“见”字的通假字为“现”，心要明现，就必须明心见性，即心明，则本有真如自性就体现出来了。这也是觉的知见。

“覺”字的上部为“𦥯”，表示觉者的头脑中装满阴阳、乾坤、卦爻以及天地间自然变化的客观规律，即觉者的头脑中觉什么。一是觉乾坤，觉天地之道，刚健、柔顺、自强不息、厚德载物，有强烈的进取心和宽容心；二是觉卦爻，觉宇宙自然规律，即觉立天之道“阴阳”、立地之道“刚柔”、立人之道“仁义”，以及天地自然变化发展的规律；三是觉先后天关系，先天为体，后天为用。若能做到在相上离开相，在空上离开空，这就不迷，也不执着，这就觉而不迷，开佛知见。

下部为“见”，因为下为地，也为觉者的行为和处世。地宽厚博大，生育万物，温顺亲和。所以觉者为人处世，心智相通，心量宏大，和顺诚信，也为正觉智慧之人生。

由此可见，从“覺”字的结构释义，觉者必须以仁义为本，明心见性，觉乾坤、卦爻及天地自然变化之道，心智相通，诚信和顺，不迷不执，自然觉悟。

悟

心似吾文为悟，悟是人性脱
离动物性行为的终点，又是
人们走向成功成德的起点

壬辰年作者悟书

“悟”的真义和悟的人生

“悟”字是汉字中的重点字，也是人生境界的界定字眼，同时又是佛门弟子界定入智生慧的一种显示及标志。人生在世，做人一定要有悟性，有悟性之人，才是真正有正觉正智正慧之人，即悟能生智生慧。只有有悟之人才会真心地为人，有悟才有德。悟是引导人们走向积德的起点，又是成德的起点，同时是人脱去动物性人类行为的终点。“悟”字在引导做人从成人到成功，特别是走向成德的道路上起着界定的作用。一句话，无悟之人是动物性强之人，有悟之人是有灵魂有高度精神境界之人，悟对一个人人生的启迪、发展和结果起到十分重要的作用。由此可见，真正有意义、有价值的人生是有悟性的人生。

现今社会，人的功利心太强，私心太重，欲望太大，内心杂念太多，悟性被人们图功利的兽性及杂念所淹没，致使有悟性之人比较少，这也是现今社会上最大的悲哀。因此，做人应检视自己，驱走心中杂念及动物兽性行为是做人的一大关键，应力争做一个真正开悟之人。

“悟”字从字的结构上看，由“吾”“心”两字组成，“吾心”就是我真正之心。所以，悟是出自人自己真心意境之语言。人心里所悟到的话，是你自己悟出来的话，不管境界多高，意境多深，都能用来作为你自己所悟的东西。所以悟是高级的、真心的。“悟”的东边是“心”，西边是“吾”，东为木主仁，西为金属义，所以悟者，我义心仁，可见人要有悟，即人心形都要仁义，言行心都要一致仁义。所以仁义之心性是人开悟的前提和基础。

仁义是立人之道，也是做人之本，即有仁义之心者才是人，无仁义之心之人是动物性强之人。所以人要有悟性或者要开悟，人一定要把动物性，特别是兽性行为脱清，才能做个真正仁义之人，然后修心养性，开心做人，才能具有悟性，真正走入生智入慧之路。“悟”字之“吾”字，由“五”与“口”上下组合而成，上为天道，五之数在易学为皇极之数，中宫，属土主信，是太极之源，以信为本，威仪天下，立天之道崇高伟大，自强不息。“口”在地，地为坤，主谦恭礼让、温顺、厚德载物。“口”为兑口，主情义，所以悟者以信为本，深情大义，崇高伟大，自强不息，厚德载物。由此可见，悟的最高境界是仁义为本，悟与天地准。

悟道实质上是悟天地人之道，是大彻大悟之道，即大道。其实，会悟人道就已经不简单了，会悟人道之人，今生今世绝对是不会枉费人生之人。会悟人道之人，他一定会把自己一生的潜能淋漓尽致地发挥出来，为人类服务，人生一定无憾，有意义，有价值。但会悟人道的人生，相对于天地来说，还是属小道的人生。

悟地道的人生，为人做事必定无念无求、温顺、谦恭、仁正、礼让、厚德载物。会悟地道之人，一定会悟人道。因为悟地道实质上是会悟中道，会悟中道之人必定早已看破人道。悟地道之人，为人做事一定不会伤天害地，一定非常讲信用，会悟地道之人一般是具有德性的贤人。

悟天道之人，实质上是领悟天地人之道之人，是无比崇高伟大之人，是佛学所说的大彻大悟之人，也是真正成大德之人，这种境界之人一般是圣人或大德之人。

因此做人千万不要太糊涂，不要太势利，不要太功利，要尽量脱去动物性的行为和心态，做一个以仁义为准则，真正开悟启智生慧之人，人生才真正有意义、有价值，才能真正无憾。

悟

小悟是仁人

中悟是贤人

大悟是圣人

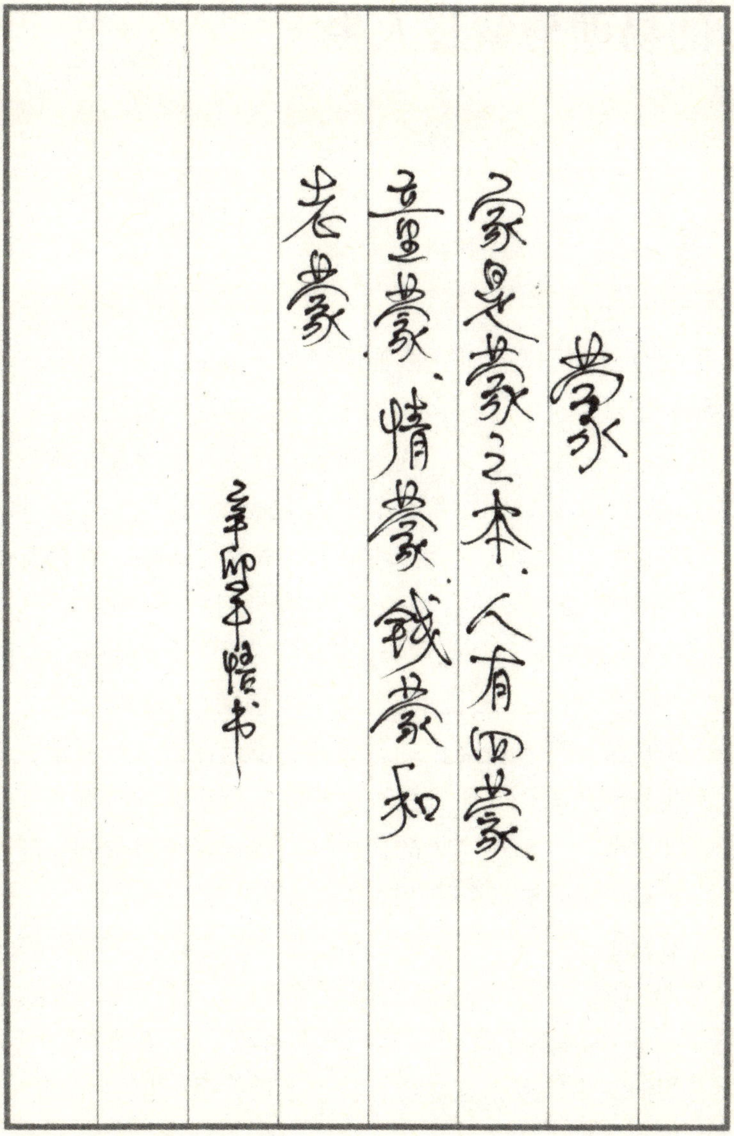
梦
家是梦之本，人有四梦
童梦、情梦、钱梦和
老梦
辛卯年
书

“蒙”的易理与蒙胧人生

蒙是人生的浮云，是人生前进的最大障碍。大多数人生活得无价值、无意义，归根到底是被蒙住了。很多人的人生，是蒙在鼓里的人生。蒙住人生之蒙，主要有家蒙、童蒙、情蒙、钱蒙和老蒙。人有人之蒙，国有国之蒙，家有家之蒙，地有地之蒙，物物都有蒙。人生只有冲出蒙，才会开心，才真正有境界，才真正是智慧之人生，有价值、有意义之人生，否则都属荒芜、荒废之人生。任何事物，任何行业，只有冲出事物或行业之蒙之后，回头看，才会感悟并发现事物或行业的利弊，事业、学识才能得到升华，才能达到超凡脱俗、明理明道，事业才会进步，才能成大功德。

蒙，原意是被覆，即被覆盖住的意思。宇宙天体被天球所蒙，地球被大气圈、水圈及生物圈所蒙，人生则被烦恼和欲望所蒙，同时作为一个中国人还被家所蒙，即家蒙。任何一个人的人生发展过程，其自身的发展也必定经历过四个阶段之蒙，即童蒙、情蒙、钱蒙和老蒙。

“蒙”字在结构上与“家”字十分相似，是“家”字之头部改成两个“十”字，但是“蒙”字之头部虽是两个“十”，乍一看，实际也是蒙中藏家，从这一点说明人生之蒙实际上是被家所蒙，一辈子头脑中都是为着家中之杂事、烦恼之事以及祖宗之事、社会各项关系所蒙。人头脑及外部之杂事、烦恼之事，先把人的头脑蒙住，使你一生为欲望、为家庭而奋斗。在齐家和欲望未能实现的时候，你永远被蒙住，永远走不出蒙，头脑永远不轻松，永远被蒙在脑里，使你的思想永远无法上境界，真正的人生价值及做人意义，你永远无法升华，永远处在愚昧、愚蒙、困蒙之中。这样使世上很多人一辈子都是为家而生，为家而死。人生过得又苦又累又无境界。“蒙”字之下是“豕”字，豕是猪的意思，引申义为六畜，即很多人为了增加家庭收入，养猪、养鸡鸭、养牛羊等，这样一辈子被家中之六畜所蒙。所以说蒙是以家为基础，一辈子被家务所蒙，使人一辈子无意义、无价值，一辈子的人生定位是“为家而生，为家而死”。这类人在中国社会所占的比例是相当高的。因此希望人生应及早觉悟，冲出家蒙，提高境界，升华人生价值，做个真正有意义、造福社会民众、成功成德之人。

在人自身的发展道路上，只要你能细心观察，一定会发现大多数人是“蒙锁一生”的人生。人生在十七八岁之前，主要是童蒙的人生。童蒙的人生是愚昧、无知、好玩好吃、无感知的人生，是需要启蒙教育的人生，要教育他会感、会思、会识字、会写作、会读书、会向好人好事学习，同时要培养他的感恩、报恩之心，尽早使他由无知到有知，尽早走出童蒙，明白学习的道理，同时加强道德及心态、气量方面的教育，把他培养成大气量、勤学习、多思考、有主见的好孩子。

人生从十七八岁到三十一二岁之阶段，是个学习理性知识阶段，也是梦幻之人生阶段，此阶段由于人的生理发育及生理需求，是人生进入情蒙的阶段。这阶段如果人生过早涉入或投入男女之情，特别是个别人整天寻花问柳，无所事事，无所学习，对书本的学习就会缺乏理性。因为无理性，就没悟性，没创新、创造，且无理致使周围之贤者不服，造成人际关系紧张，没有好朋友，人生就没有志向，没有前途。此阶段又是人生发展的基础阶段，人生事业基础打不好，到中年阶段就无法成功，一辈子就没有什么大建树，下半生就必定过得无意义、无价值，而且过得又苦又累。因此在这阶段之人要尽早觉悟，冲出情蒙，学好知识，练好本领，学会理解人，包容人，立下志向，打好事业基础，力争到中年时期做个有益于社会之成功成德之人。

人生在三十到六十岁左右阶段，是人生成败的定性阶段。这阶段的人生，人人都在拼搏，人人都在赚钱。打工也在赚钱，当老板也在赚钱，天天为钱奋斗。所以说此阶段之人生是钱蒙之人生。社会上的人，大多数都过着为实现欲望而奋斗的人生。但是要实现欲望，人就必须赚钱，只有赚钱，才能办事，才能满足欲望。如果欲望无法满足，人人都有后顾之忧。所以在这个时期之人，为人做事都是为了多赚一些钱，来满足自己及家庭的欲望。但是在这时期的人们，不论是老板还是打工仔，几乎没有一人发现“我”虽有钱赚，甚至天天都有钱赚，却已经被赚的钱所蒙惑，或者这样说，“我”已经被“我”目前工资或所赚的钱，误了人生大好前程，使“我”被眼前比较满足的利益蒙住，在这蒙的空间内沾沾自喜、怡然自乐。如果你能超出钱蒙的境界来看钱蒙之人，你一定会发现，人生至少应有90%的人没有满足基本欲望。此90%以上的人到老之时，都留下这样的遗憾“人生活得太没意义”。如果你能领悟到人生的终极遗憾的话，你想要做个有意义、有价值之人，同时你也具有聪明才智、气量和胆略，你就应冲破钱蒙，更新自己，拓展前途，做一个想得到之事永远做得到，同时所做之事又能造福社会、积功累德的人。

人生进入六十岁后的阶段，由于受退休制度的影响，使人心态产生变化，加上体力、精神方面影响，好多人自认为老了，不中用了，心态一老，精神支柱不足，就易衰老，日日无所事事，糊涂度日，这个阶段的人生属老蒙的人生。现今社会，物质丰富，生活水平高，加上多元化的社会活动和社会关系，多数人到六十岁后其实都不老，千万不能被老所蒙，应做到人老心不老。心态好，心理年龄年轻，精神支柱强而有力，要有“退而不休”的工作态度和工作积极性，就一定得找喜欢做的工作或事业。自强而不息地工作，不但可老当益壮，可获成功，同时人生有为，健康长寿。

因此，在人生道路上，一定要冲出家蒙，在少年阶段一定要冲出童蒙，青年阶段一定要及早冲出情蒙，在中年阶段一定要冲出钱蒙，在老年阶段一定要冲出老蒙，做一个有为、有益于社会、有自己人生价值和人生意义的成功成德的人。

困

易卦上泽水为困，泽为兑卦属金表情义，水为坎卦之精主智，困有为情为义为金钱所困，也有为智所困，智是内困，又是外困，人生贪多困多烦恼多、清心净心感恩心。

辛卯年悟书

“困”的易理与困境人生

困是人生一大生活障碍和心理障碍。人生在世，任何人都离不开困，但不同之人困境不同，穷人之困是穷困，穷困主要是内困；富人也不开心，富人也有困，富人之困是富困，富困主要是外困。任何一个人，一生中都要经历很多困境，人生之困，主要困于家庭，困于家族，困于子孙、钱财、富贵、物质、精神、性、成人、成才，困于成功，境界高者还困于成德等。人生有多少念，就有多少困。

什么是困？在易学上，即在大道上，困是六十四卦中的一卦，即困卦，上卦为泽，下卦为水，泽水为困，泽为兑卦，为金，主情义，而水为坎，主智，水被泽所藏，即水困于泽中，故白话之意，人生为情为义，而失理智之本，为情为义而不露智。所以在易学之大道中，形成困，其根源在于为情为义，有情有义之人，困最多。由于金生水，金合水则多情，故多情者多困，受情所累则也困。三国演义中，曹操在华容道遇到关羽，曹操被关羽所困，但他对关羽有情有义，关羽在这时候要不要杀曹操，也被情义所困，最后还是为情为义而失去理智，放走曹操。

从字的结构上，口中栽木为“困”。木种于缸中，木之根系受困，根系不发达使树身被困，树身、树干发育生长受困而不自在。木主仁，口为兑为金为义，“困”字之意为仁困于义，所以社会中舍己为人之举，实质上是舍仁取义之行。人生在世，为己为人，都是自己困自己，人生之困，主要有：

一、困于家庭和家族

中国人的家庭受齐家传统文化影响深远，人生在世，都是要成家立室，要成家，就要为家而奋斗。“家”字上一点表示祖宗、父母，宝盖表示房屋，现代叫物业，下面“丁”字表示人丁，即子孙，下面总合之字为“豕”为猪，即六畜，所以人一成家就要安顿好父母及祖宗，要认真工作，建造房屋或购置物业，要生男育女，培养教育子孙，让子孙发达，人丁兴旺，要发展生产，六畜兴旺（农村家庭），增加收入。所以成家就要为家而奋斗，为家庭实现理想，自然要经过很多方面的困境，所以受家庭所困之困，是人生最基本之困。

家庭之困境，受人生欲望影响大，人生中家庭的基本欲望能实现，就会走出困境；而要走出困境，就要通达人理，降低欲望，同时又要努力工作，增加家庭收入，知足常乐。

二、困于子孙

人成家之后，必定要生男育女，子女越多，家庭经济投入越大，对子女的教育投入也越大，社会压力、家庭压力越大，困境越来越多。所以多子多福，在未走出困境之时是“多子多困”。对孩子的成长教育如果多一分成才、成功的念头，就多一分困，所以对子孙教育不要望子成龙，不要过分攀比，应当降低和减少对孩子的希望，教育孩子堂正做人、仁义做事、通达人性，不断地学好书本知识和社会知识，启迪智慧；同时为人父母要更新社会观念，计划生育，减少困惑，才能尽早走出困境，尽早使自己开心幸福。

三、困于钱财

人生在世，钱财应是生命之外最重要的东西，从学校到工厂、公司、政府单位及社会各界，制定规章都是以罚款为主，这也是使人困于钱的方法之一。人要发展事业也需要钱，家庭及社会各业，非钱莫举。钱对人生来说实在太重要了。所以人自从走进社会，一天天工作都是为了钱，人生被钱蒙住一辈子，钱能益人，也能害人。但人生赚钱之路千万种，因此人生之困也千万个，被钱所困是人生最大的困境。

“钱”字是一“金”和二“戈”的组成，金在东方木位，主仁义，从字的结构看，赚钱有两条渠道：一条是以金生钱，即以仁义之举赚钱，这些金是仁义之钱，积功累德之钱，这条路赚钱基本无困境，合自然道；另一条路是用枪去打拼，用不择手段、曲意掠夺赚钱，这钱是不仁不义之钱，由于赚的钱深深伤害彼此感情，使双方受困。

现今社会，一个家庭处于佳境还是困境，人们往往以家庭的钱财来衡量，家里赚到的钱较多，且赚到的钱一年比一年多，那么这个家庭就被自己和别人认可，这个家庭的境况就是佳境；反之，赚得钱少甚至没有，一年到头家庭基本上无法满足日常生活，则这个家庭是十分困穷的。所以被钱财所困，是自己和家庭最大的困境。人生要走出困境，就要学会赚钱，而赚钱的门路，有体力劳动赚钱、脑力劳动赚钱以及用钱赚钱、用势赚钱、用技术赚钱等。因此想发财，想赚钱，就一定要根据自己的层次、知识、经验、技术、兴趣及社会关系、为人处世的水平，定位选择适合自己赚钱的门路，并在选择的行业中先好好做人，做人做事必须受人尊重和感激，人脉好，关系多了，赚钱也容易，自身的价值和家庭的收入才会不断增加，个人和家庭才会走出困境，步入佳境。

四、困于富贵

家庭基本的生活条件得到保证以后，即家庭走出基本困境，开始步入佳境的时候，一些人由于贪婪心大而想要使家庭富贵，所以家人将受困于富贵，其心态是马上要把家庭打造成富贵之家。

世人个个都想荣华富贵，但其实他们都不懂什么是富贵，且往往误认为有钱人就是富贵之人。

富贵不是随想而到的，是要好几代人，物业或房屋、农田等资产经过历史的沉淀，同时又有仁义道德的文化底蕴塑造子孙后代，还有宽厚博爱、温顺、谦恭礼让、厚德载物的胸怀才能达到富贵的要求。因此有钱人想要富贵，一般人是不能实现或无条件实现的，一生都望富贵，并受困于富贵而已。但是有钱人要走出富贵之路，首先必须加强自己的文化修养，提高自己的道德水准和社会层次，塑造良好的家庭道德文化，把损公损德的钱先转化为积功累德之钱，并把积功累德之钱投入购置物业，并使所购置之物业成为子孙的祖业；同时子孙要满堂，一口仁义，且家族中的成员都要有丰富的文化内涵和修养，对人温顺、谦恭、礼让、仁爱，厚载物质，这样使子孙走出困境，进入富贵的家境。如果用这富贵之真义去衡量，社会上有钱人多，但有钱不过三代者也多，富人少，富人仁德。有钱人要走出困境，进入富贵之人的行列不是一朝一夕的。

富贵之人都不是无忧无虑的，他们道德高，良心好，有拯救苍生的社会责任，所以富贵之人是有困境的，他是困于家族、国家的贫苦民众。

人生在世，人的层次越高，经济越好，社会责任、家族责任、家乡责任、家庭责任也越多，所以困惑也越多、越大。但是他所受之困是外困，穷人所受之困是内困，内困者走出人生困境有功无德，外困者能走出困境者则行善积德。因此富贵之人能使社会有困难之人走出困境，是人间正道。富贵之人要多行善积德，带动社会民众走向富裕，使国家走向昌盛、富强是他们的一项重大责任和义务。

五、困于物性

社会人生，动物性强之人，物质和性的欲望大，人生困于物性。社会上动物性的人所占比重最大。所以困于物性之人是社会上最普遍之人。

社会上普遍之人是穷困之人，在穷困之人中，物质是第一性，性是第二性，故先困于物，后困于性。

社会上穷困之人，每天拼命工作，目的都是为了多赚点钱来稳固或提高自己的物质生活水平，当家庭的物质生活水平提高并发展到一定阶段，家庭感觉到物质充裕，达到基本的物质水平，已感觉无后顾之忧的时候，若能放低心眼心量，知足常乐，就会率先走出物质困境，进入佳境。如果过分贪婪，永不知足，第一物欲实现后，出现第二物欲，第二物欲满足后，出现第三物欲，如此无止境地追求下去，人生永远受物欲所困，永不开心，甚至到了物质太多之时，心态变态、心眼变高、人失仁义、心为魔鬼、狂妄自大之时，必定物极必反，事业破败，天诛地灭人亡。所以人生在世应知足常乐，适可而止，拓宽体量，广施仁德，自然福泽绵长。

人生有钱思淫欲，走出物欲的困惑之后，往往想满足性欲望，则开心不久，佳境不长，就受困于性。受困于性的主要表现有：一是夫妻间性爱的平衡或满足；二是寻花问柳追求性平衡，寻求性满足；三是想多生子女或追求人丁兴旺。这些性行为和性欲望都是动物性本能的追求，这与人作为高级动物是不匹配的。这种人是低端低层次、无精神境界之人，这种人要走出困境，就要正确地认识人生道德、人生意义、人生价值，且关键是要提高人的精神境界，走人生仁义之道，这才是真正的人道。否则他也会和社会低层次的犯罪分子或腐败分子结果一样，不是死于物质，就是死于性。

六、困于精神境界

社会中，困于家、困于钱、困于子女、困于物、困于性之人多，困于精神境界者少，原因是社会上动物性强的人多，而以仁义为本，高级动物人生之人少，以仁义为本之人一般不困于欲望物性，即家钱物性早已看破或个别已经满足，早已从家庭和性中解脱出来。只有从家、钱、物、性、子女中解脱出来的人，才会走进感悟和体验到做人的道理，做人的意义、价值的精神境界，有追求就有困惑，所以只有追求精神境界之人，才会困于精神境界。

纵观社会人生，低层次、低境界者多，高层次有智者少，更高层次有慧者则更少。在人生八大境界中，无知者少，无知与知之间者较多，知者更多，占社会之人的绝大部分，知与智之间、感性与理性之间的人多，也占社会中层的大部分；智之者，即有领悟之人较少；智慧者，即有悟性、有灵性之人更少；慧之者或慧到无知者，即有灵性及大智若愚之人则微乎其微。但困于精神境界之人，一般是有悟性、有灵性之人。

人困于物性、家庭、钱财、富贵、子女是痛苦的，一生从心态来说都是不开心的、执着的、自私的、小气刻薄的，这些人如果不觉悟人生，不提高人生精神境界，到了六十岁退休后或者到无法创造财富及物性无能之后，后半生，虚度光阴，一事无成，白白浪费，太无意义。

这些人如果能尽早觉悟，尽早看破放下，尽早追求精神境界，人生能尽早开心，出智入慧，就可以概括为上半生成功，下半生成德，且精神境界高。

因此人生困于家庭、钱财、物性、子女者痛苦，困于精神境界者开心，且人生每天在精进，境界每天在提高。要看破放下，不要太贪婪、小气、计较、刻薄、自私，尽早使自己进入高层次的精神境界，让自己开心幸福，让社会和谐。

困

念多困多烦恼多，清心净心感恩心

几多浮云几多愁，几多念头几多困

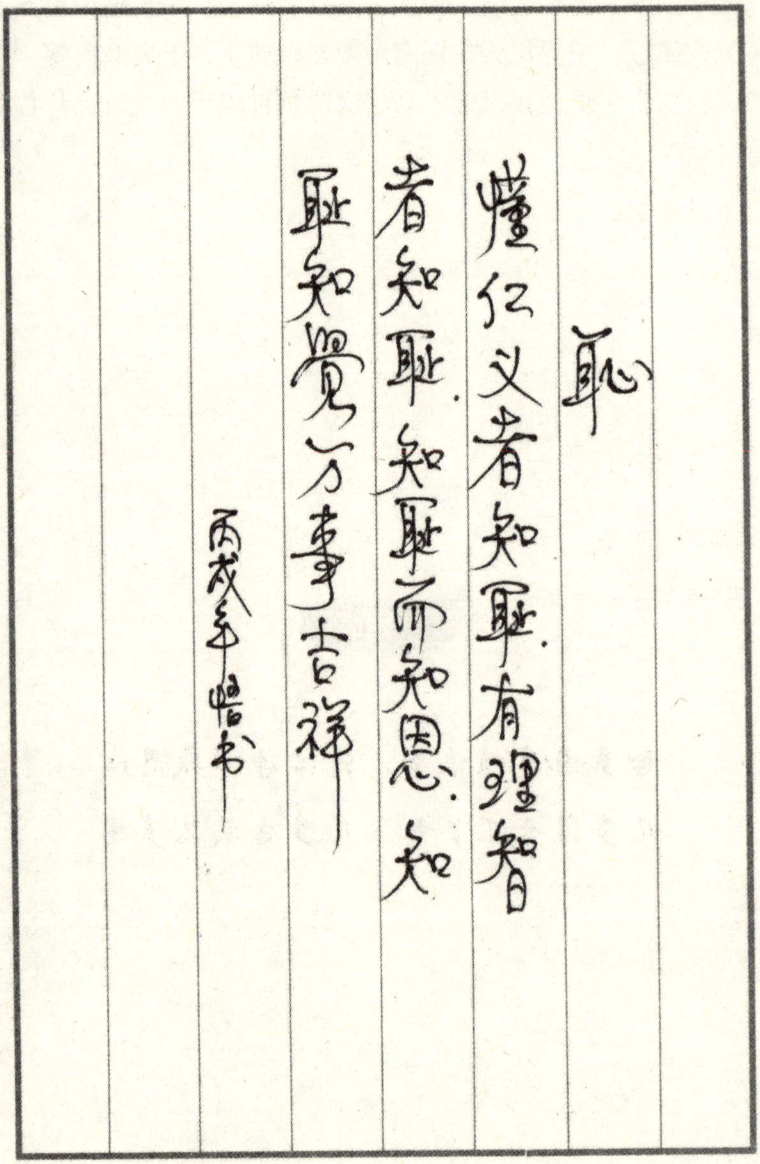
耻
懂仁义者知耻，有理智
者知耻，知耻而知恩，知
耻知觉万事吉祥
丙戌年悟书

“耻”的易学真义与耻的人生

中国社会绝大多数人一生都是图名图利的，在这过程中，一些人不自量力，过分追求，导致事业破败，前程黑暗。这是什么造成的呢？是由于只求名利而不知耻。

中国的商业界，有好多个年代的首富或者在富豪榜上名列前茅之人，风光一时，牢狱一世，是什么造成的呢？都是由不知“耻”字之易理所造成，同时又是不明“钱”字与“富”字的真义所致，这类人在我前面所写的论“钱财富贵”的章节中，他们只称得上“有钱人”，大多数配不上“富豪”。

在中国的政界，有些高官或地方官员，或一般有实权得利的办事人员，利用手中权力，贪污受贿，发财致富后，目空一切，心态膨胀，欺凌百姓，从而使人的心态变成魔的心态，最后受法律制裁，使其从天堂享乐突然跌入地狱受苦，也是不知耻所致。

社会之师有三，即教师、医师、律师。但为师之人，不明师道、师德者多，从而导致在老师的队伍中，教书者多，教师者少。而个别为师者不明师道与师德，玩弄权术，欺压民众，敲诈民众财富，为达到图利图名的目的到处作秀，最终也大多破败，步入牢狱，其根源也是由不知耻造成。

总而言之，社会之名人、富商、官员以及小人、盗贼，当进入牢狱时，多数牢狱之灾都是不知耻所致。因此社会的各位朋友，要使人生能如意吉祥，就一定要知耻。

耻是每个人人生的弱点，是每个人的阴暗面，任何一个人都有耻的一面。人生之耻，有人耻于形，有人耻于心，有人形与心都耻。一般常人耻于形，君子耻于心，小人或罪人形与心都无耻。

什么是耻呢？不同层次之人有不同的理解，在易道上，天地人有五行，即金、木、水、火、土；人有五德，元精属水，居北“主智”，即智者乐水，元情属酉金，居西方，代表元神属丙火，居南方“主礼”，元性属甲方，居东“主仁”，元气属土，居中“主信”。“耻”字耳与心并行，耳属水，心属火，“耻”字之德性是礼智并行之意，因此识礼智者就知耻。同时“耻”字在八卦九宫图上是东西结构之字组成，东属木主仁，西属金主义，“耻”字是坐在仁义之上的礼智，且“耻”字耳与心都成一体，二体合一，固有一中心。因此，中属土有信之意。所以“耻”字是以仁义为本，以信为心，行为有礼有智，是“耻”字在易学大道上的真义，所以知耻者，知仁、知义、知礼、知智、知信。

由此而知，耻对每一个人的前途命运影响重大，全方位知耻者，则知仁义礼智信，即知五德，这类人一生如意吉祥，人生不但成功还能成德。局部知耻者，如行为知耻之人，人生礼智则无祸害。如以耻为本者，为人处世行仁义之道，则义友多，仁者无敌，一生平安大吉；如以耻为心者，为人处世遵守信用，有信则立，在社会能取得人家的信任和敬仰，则事业有成。

全方位不知耻者，则无仁、无义、无礼、无智、无信，损功损德，事业破败，家破人亡。局部不知耻者，如不以耻为本者，则无仁无义，即无仁无义之人。人的本性是仁义，仁义丧失，形是人，心是魔，狂妄自大，轻者招致牢狱之灾，重者家破人亡。如不以耻为行，即无智无礼者，易冲动，鲁莽行事，会铸成大错，招致祸端，轻者破财，重者步入牢狱或者死亡，一辈子后悔莫及，若不行耻之中心之信，即失信，则人无信不立，小人之举也，人生一事无成，招摇撞骗。

人生一定要学会知耻，知耻而进，克服缺点，不断精进，知耻知足，多感激天地、社会、亲朋好友、父母、祖宗。做一个知廉耻、有道德、有智慧之人，事业就能如意吉祥，人生不但成功，更重要的是还能积德，最后以自悟为之共勉。

耻

知耻知恩

知耻知觉

知耻知悟

万事如意

“正”的深层意义与正统文化教育内涵

正在中国传统文化中占有一定位置，中国传统文化教导人为人处事要有正气，行正德，做正事，做人要堂堂正正，使中国人的文化教育成为正统教育。

中国人自从古代的书香门第，到现在的知识分子家族，他们对子女的教育都是正统教育。正统教育可以说是世界上最崇高伟大的教育，但是遗憾的是中国古今的知识分子没有真正地理解“正”字的深层意义，或者有很多知识分子错解“正”字的真义，致使中国古今部分知识分子小气、计较、刻薄、贪心、自私、无胆量，同时也十分固执，自以为是。因此，如何正确理解和落实“正”的深层意义及内涵，对正统教育及人才的培养具有十分重要的意义。

正统教育在中国五千年文化教育中，被认为是中庸教育或中规中矩的教育，即正被认为不偏不离、合法合理，被理解为中或者中和、中庸，使正人被认为是平常心之平常人，正事被理解为合理合法之事，正行被理解为合理合法之行为，正气被理解为合理合法之气。这样的理解都是十分错误的，最终会使受教育者都成为无重大作为、重大贡献的平常人。

正不能理解为中、和或中规中矩、不偏不离、中庸之意，正是崇高伟大的，正不是常人之道，而是圣贤之道。人能够做到正或达到正的境界，不但成功，而且成德。正在人生中具有崇高的智慧和境界。正道是大道。

中国人自古至今没有正确地理解“正”字之意义，主要是文人理科知识不足，特别是很多文人不懂数理、道理、易理等原因造成的。

在数理上，即在有理数上有正数、零和负数。在数轴上，原点为零，零的两侧一正一负。所以人生在数理上有三种人，即邪人、不正不邪之人和正人；人生在立体坐标上，邪人属于负心之人，即小人；不正不邪之人为零人，即中规中矩、不偏不离之常人；正人即正心之人，是君子。所以真正之人是正人君子。邪人主要具有恶心、恨心、埋怨人之心，常人为平常心，正人是感恩之心。正人是圣贤之人、积德之人、崇高伟大之人。正人超越于常人，超越于合理合法。正人是合大道之人。

正人是堂堂正正之人。何为堂堂正正？即体正、心正、气正、精正、神正。人在天地间是三轴的立体，其三轴主要是天轴、地轴、人轴，这三轴使人体之心在天、地、人之间存在一个无形的立体，心正之人，即对天、地、人都比较平衡，也即天、地、人三者合一之人是真正心正之人，这心正之人在天、地、人之间存在之体是正方体，正心、正体之人必须正气、正精、正神，能达到此境界之人是堂堂正正之人。所以堂堂正正之人不是被一般认为合理合法、中庸之人，而是十分崇高伟大之人。他不是一般人，而是圣贤之人、大德之人。

因此中国人中能达到正心之人即天、地、人三者合一之人，他的人生是立体人生，是最崇高伟大的人生。中国的正统教育，是天地人之道的教育，也是人生中最崇高伟大的教育，真正开智出慧、成德之教育。在此也可看出，合法合理、中庸之教育不是正统教育，也不是正道教育，而是平常人必需的教育。正统教育对于一个成功人士如何走向成德之路具有十分重要的意义。

正

正心正体

正仁正义

正精正神

正气正道

“品”的易理与品德、正品、人品之真义

“品”字在人生中是一个重要字眼。人在世有人品、品德、正品、品质、品酒、品茶、品位、品味等。品的好坏、品的正邪、品的高低一直影响人的性格、命运以及人的生活质量、人生价值、人生意义。但是遗憾的是，在中国五千年文化体系中，还没有一个人能真正认识到“品”的重要性，没有一个人能真正理解“品”字的真义和标准。所以导致在中国传统文化中，中国人对“品”字的理解都是虚幻的、牵强的及感性的。因此一个人能正确认识和理解“品”字的真义，就能改造自己良好的品德、性格和命运，对提高个人的高尚素质，提高人生价值、人生意义都具有无比高尚的意义。

人生在世，要做个好人，一定要“品”字写得正，做得正，才是高尚的、崇高的甚至十分伟大的。但世人过分感性，缺乏理性，思考问题太单一，太牵强，很多人认为我遵纪守法，中规中矩做人，就是品正之人，即实际上把中人看成正人，这是十分错误的。社会之人，中人（即平常人）较多，正人较少，做中品质之人易，做正品质之人难。现今社会上的读书人，虽读过数理，但在认识人生上极少运用数理。研究任何问题，如果靠比喻、夸张以及文学色彩甚至用例子来说明道理，在小道上是可以的，但在大道上往往是行不通的。只有数理及天地人之道才可说明道理。受过初中教育的人们一般都学过有理数，即正数、零、负数，品质正的人是正人，即君子。所以要做君子，人的品行一定要达到正人，才能称为“正人君子”。正人实质上是感恩社会，也受社会人所感恩之人。零人实质上是中规中矩的平常人，

即零品质之人。负人即负心人，也是品不正之人，无品质无人品之人，也是被社会埋怨或责怨的人，同时他又是埋怨社会的人，这些人世俗称之为小人或者邪人。所以正品之人是崇高、伟大、感恩社会之人。

在人世上，“品”字是由三个“口”字组成，其中口在易学上是兑卦即兑口，兑为金，是元情，主义，且三口表示天口、地口、人口。所以“品”字的易学之义为对天、对地、对人都要有情有义，这样之品才是大品、正品。“品”字在易学中的另一意义为上口代表天道，表示人对天要崇高伟大、自强不息，能达到这种境界之品为上品；下面有两口，表示人道和地道，在人道上有正品之人，应仁义，即立人之道为仁义；在地道上正品之人为刚柔，表示人要谦恭礼让、温顺、厚德。所以“品”字的真义一口咬定，对天即对尊长、父亲要崇高伟大、自强不息。对地，即坤为母，为女人，要温顺、谦恭礼让、厚德载物，对人要大仁大义。这样之德才是真正人的品德，所以“品”字真义是人的真正品德，也是人生品德的唯一标准。

人生在世，人应先知品性而后知品德，根据品性和品德，脚踏实地、心怀正品、认认真真修心做人做事，你的人生才有高尚的品质、高尚的价值及意义。

正

修品性养品德

成君子有功德

“神”的易理与“全神贯注”

“神”字在全中国人的心目中是一个十分令人尊重的字眼，在中国人的日常生活中占据重要的地位。原因是人离不开神，任何人本身都有精和神，有的人身边还有护法神，世界上有宗教信仰的人，都要尊重神。世间万事万物都有神。其中最基本的生物体都有：眼神、神气、灵神、神采、神识。神是人生认识事物的崇高境界，神的最高境界是不可思议。所以人一定要尊神敬神。牛顿后半生从事研究神学是有道理的，但在一般感性之人来说，只能说牛顿后半生研究神学太不可思议了，这可能是牛顿走进人生崇高伟大的精神境界。所以不能说牛顿后半生全无建树，或许后半生研究神学才是真正的大建树。人生在世，凡事不要太绝对、太偏激，人生不懂的事太多，不懂的事不要太早下结论，希望不理解的事随着历史条件的变化和开发资源能力及科学技术水平的提高，慢慢理解，终有一天自能见分晓。

但我这里不是在讲宗教神学之神，而是讲人体精气神之元神。对宗教之神我是敬重的，理解上是不可思议的。但对人体之元神及“神”字结构的易理做了简单的感悟，希望大家养好精神，更好地为人民做些积功累德的事。

“神”字在结构上是“示”与“申”的组合，示在东，属木主仁，申在西，西为金主“义”。所以“神”字表示显示仁、伸张义，即以仁义为本，同时又能伸张仁义才是神。

“神”字东是木，木的显示即木的生化就是火，火为元神主礼，敬神一定要有火，有礼包括礼节、礼仪、礼物。西部为申，申以田为本，田为土为地，土为元气主信，地为坤，表示温顺、礼让谦恭、厚德载物之德，“田”字上下发展为“申”，为元情主义，“申”字伸张就带动土、水，火生土，土生金，金生水，水为元精主智。所以申一伸张，精气神合一，即有精神。申为情义，也即有情义，有精神，但申生水后，水又能生东边之木。所以“神”字是一个五行全能生化之字，五行全能生化，自然神能生化万物。“神”字金木水火土五行全备，仁义礼智信五德俱全，以及聚精也能会神，且仁义礼智信五德俱全之神，是正神、全神。

“神”字之易理是属能生化之字眼，五行、五德齐备，“神”字是无比崇高、伟大、神圣的，神是我们永远要尊重、敬仰的，我们每个人都要修五德，使自己的精气神性情五元俱足，精神饱满，更好地为人类服务，更好地使社会人行善积德。

第二章

人生的真味

祸福之真义

有天有地心正是福

无天无地心邪是祸

辛卯年悟之共勉

论人生祸福

在人生发展道路上，祸与福是相互对立、相互统一且相互转化的。在人生的福境祸区中，祸里藏福，祸是福的前奏，祸能招祸。而福中招福，即福中福，福里藏祸，福又是祸潜伏的前提，正如老子《道德经》中提到的“祸兮，福之所倚；福兮，祸之所伏”。

人生“祸”与“福”二字是形近字，祸似福，福似祸，即祸中有福，福中有祸。从字形上看，“福”字的上边比“祸”字上面多出一横，在玄学上，上为天，为乾，乾为健，暗示自强不息之意；下为地，为坤，即温顺，暗示厚德载物之意。而“福”字之心为“十”字，说明心底堂堂正正，即正心；“祸”字之心为“人”，说明心术不正，即邪心。加上“福”字下面多一横，为福田，说明有储量；“祸”字下面为空，储量小或无储量。从“福”与“祸”的字形综合分析可知，心正心善、量大、有天、有地、能自强不息、能厚德载物者，就是福；而心邪、量小、无天、无地、自甘堕落、离心离德者，就是祸。因此从“福”与“祸”的字形可知福祸之义，福与祸是对立的，也说明“人生祸境福区皆由念造成”之道。

人生之福，有广义之福和狭义之福两方面。广义之福指心正，做事对得住天地、良心；而狭义之福大多数人认为富贵就是福，有些人认为康泰是福，安定是福，常乐是福。认识佛学之人会认为智慧是福，即福慧人生是最幸福完美的人生。人生之福人，有的身在福中不知福，反而成祸；有的生在福中知福，则福上招福。身在福中不知福反变为祸之道路有两条：一条是自为的变祸；一条是莫为的变祸。

对于走自为变祸之路的人，一般心术不正，心量极大，志向极高，特别是贪婪心极大，而警惕心全无，对物质和地位的追求永无止境，永不满足，心邪气衰。有的人为了达到某一目的，用穷凶极恶的方式做伤天害理之事，使本来处在不错的生活环境和社会地位的幸福生活受到破坏，使“福”字出现无天、无地、心术不正，后变成祸，走向物极必反之道，个别严重者出现天诛地灭人亡的现象。如现今一些国家高级干部为了达到升官发财的目的，不择手段，设局设圈套危害或陷害竞争对手已经屡见不鲜了，最终洋相出尽，妻离子散，有的走上断头台。再如在我的朋友圈中，有一个叫李少宁，一家四口，生活十分幸福。但李少宁心志高，法律意识薄弱，贪婪虚荣，在朋友的引诱下，替老板到云南走私海洛因，被公安人员抓获，最终走上不归路。

对于走莫为变祸之路的人，一般心术正，心量大，心灵美，能一心一意做人做事，襟怀坦荡，光明磊落，公正廉洁，时时以国家利益为重，从不计较个人得失，可谓是德高望重、众人依归之人。但这类人刚直不阿，视死如归，自救能力差，易犯低级错误，缺乏审时度势、自我保护意识，从而容易受小人加害，易误入奸党圈套而受到批斗、株连、排挤，严重者身败名裂或死亡。这类由福变祸的莫为之路的人在中国历史上比比皆是。如楚汉之争时代的萧何月下追韩信，到最后萧何协助吕后，施计诱杀韩信，韩信即莫为变祸之路的人。

生在福中知福之人，即福上招福之人，心境常青，一身正气，慈良仁厚，理智觉正，有厚德载物、雅量容人的胸怀，对功名利禄基本上达到看破放下、忍辱负重、能屈能伸的境界，知足常乐，志存高远，对前途理想追求注重顺其自然，能权衡利弊，明辨是非，洞察力强，觉悟高，能知己知彼，使本身生物信息场强气旺，根据物以类聚之道，故福中福之人容易同旺、正的人偶合成挚友，彼此相互尊敬，从而带来好的信息转化增强本身场态，从而转化成福。而遇到不良信息时，好朋友之间相互解救，使其化险为夷，化祸为福，走向智慧人生之可持续发展道路，使其一生平稳发展，立于不败之地。但福中知福之人生道路也有两种，即自为的福中福人生和莫为的福中福人生。

自为福中福之人知足常乐，心怀正气，靠自己修身养性，认为决定人生的不是命运，而是智慧，即“精义入神，以致用也，利用安身，以崇德也”的精神所在，以德为人处世，交同样具有德性、正气的朋友，从而带来福德，达到福上招福的可持续发展，此类福中福的典型代表是“康泰是福”“安宁是福”。故世上之人大多是福中福之人。

莫为福中福的人生都具备自为福中福的条件。因为莫为福中福的人地位较高，接触的人和事多，挚友、能友、贤友多，此类人做事注重三思而后行，对做过的事善于三省，善于听从别人的意见，事事谨慎，能急中生智，急中开悟，并能采取相应的对策清除疑心，化解危机，从而使事物向良性方向发展，达到福上招福的效应。例如，萧何协助吕后杀了韩信之后，在外平乱的刘邦立即拜萧何为相，同时加赐许多财物奖赏，文武百官以此为相国祝贺，萧何也为此高兴，唯独昭平前来报忧道祸，对萧何说“目前帝王勤政平乱，对你心怀疑虑，最担心后方失火。故对你加官晋爵，意为试探你心，你若居功骄傲，日后定有不测之祸。故你应审时度势，坚决推辞加封，并拿全部家产资助远征平乱军士，方能消除皇上对你的疑心”。萧何听后马上依计行事，刘邦十分高兴，使福上招福，福泽绵长，立于不败之地。

人生之祸，即祸事，是指心邪，做事伤天害理，丧尽天良，危害国家、人民，就是祸。人生之祸，有祸中之祸和祸中之福两类。

祸中之祸，即祸上招祸，俗语云“祸不单行”。此类之祸也有自为和莫为两类。自为的祸中招祸之人，心念邪恶，极度贪婪，挥金霍土，全无人性，人生靠盗、抢等，无恶不作。可谓生在祸境，十恶不赦，最后受法律制裁，家破人亡。如社会上的吸毒分子，靠抢、盗、骗等手段弄来的钱换取毒品，一旦行迹暴露，将受法律制裁。

人生的祸与福是相对存在的，生活在福境中要低调、感恩，要多做善德之事。生活在祸境中，要审时度势，克服困难，化解矛盾，力求把祸境转化为福境，做一个真正幸福之人。

悟语

福是形，祸是影

祸是形，福是影

祸福之间是形影

人生如茶，一杯苦，一杯甜

茶是红壤地区标志性的植物，其生长的环境是高温多雨、呈酸性的红色土壤地区。由于茶树生长在高温、湿热多雨、土地贫瘠的地区，故其吸收土壤水分、肥力及日月雨露的精华能力特别强。在这强大的生存本能和吸取自然界精华的能力作用下，其生长出来的茶叶含自然界精华的营养物质非常丰富，故通过人为的制作、加工之后泡成茶水，对其生长环境起着返璞归真的显示作用，使茶成名成道，即茶道，造福人类。

而人在生长发育上与茶的生长十分相似，一个成功者成就的是人道，即仁义之道。在人生道路上，任何一个真正成功之人，其人生的成长过程和工作、生活的轨迹，必定经历过像茶树一样的过程，一样经受过挫折和考验，生活和工作的质地像红壤一样贫瘠，经历像茶树生长的土壤一样辛酸，意志像茶树枝干一样坚强，吸收内部和外界的智识和能力，像茶树一样吸收自然人文的精华，同时通过人为复制和自我提升酿成茶一样的甘淳清香，回报社会，造福人类。所以一个真正成功之人，其所成之道是仁义之道，成就过程与茶相似。因此人们常说“人生如茶”。

人生虽然如茶，但由于生长和生活环境的差异，使茶本身的品质不同，加上人为制作、加工的方式方法不同，使得最终制成的茶叶的香味、颜色、颗粒也不尽相同。一般品质好、香醇、甘甜的茶叶，泡成茶后其颜色为蛋黄色，清香扑鼻；品质较差的茶，无香醇之味，味道又苦又涩。人的好坏也正是如此。品质高尚的人，心地纯正，善言明道，给人启迪，润人心田；而品质坏、心怀不正之人，常对人品头论足，自以为是，夸夸其谈，骄傲自满，恶意恶语伤人，使人心田熏黑，痛苦不堪。因此，人生如茶，茶道也即人道，反过来也可以认为人道也即茶道。在茶道的形成过程中，从味道上有甘甜和苦涩两种。因此在人生道路上也存在甘甜、苦涩两种，简单地说，人生可比喻成两杯茶，一杯苦，一杯甜。在人生旅程中，这两杯茶每个人都会品尝到，但由于不同人饮茶的时空和方式方法不同，从而在人生道路上产生不同的效果，即有的人先苦后甜，有的人先甜后苦；有的人苦中有甜，有的人甜中有苦；有的人甜苦共进，有的人把苦留给自己，把甜留给后代或社会。因此，小小人生的两杯茶，产生出各种不同的人与事，望各位在人生道路上，选择好饮茶的方式，方有好的人生，使社会能持续发展，使自己真正成为一个符合茶道要求的仁义之人。

人生的“知识”与“智识”

知识与智识是两个不同的概念，它们的差别实质上是知与智的差别。但是现今社会具有知识的人较多，而具有智识的人较少，且具有知识者，多较自信、庸俗、清高、痛苦；具有智识者，崇德广业、谦虚、超脱、平淡、朴素、自然、快乐。为了大家能深明其理，特将“知”与“智”二字进行释义。

知识中的“知”字，由“矢”“口”组合而成，矢与口，意为一口咬定，即一口咬定就知。而“知”字深含两义：一是知道，知道的知往往是知而不言，知其一不知其二；二是知识、求知，即在知道、感知中得到启示认识。知识是在感知、认识过程中产生，由感性认识过程产生。因此知识是表上的、含糊的、粗浅的、不自然的、一知半解的。具有知识的人生，多半是庸俗、计较、小气、刻薄、自私、不开明、不自然、痛苦的人生，个别过分迷信知识的人，实质上是没有什么知识，而且生活过得愚蠢痛苦。因此人类最大的知识，就是不迷信知识。

智识中的智是人们认识理解客观事物并运用知识经验的过程。在“智”字中，上为“知”，下为“日”，在卦象上，上为天，故上面之知，释义为天知或知天；下为地，且下为“日”，日者明也，故下面之日释义为地明，明者乐也。所以天知地明之人，就是大智之人。智识就是天知地明的见识，同时也可看出，智识实质上是在知识的感性认识升华为理性认识的过程中形成的。具有智识的人，一定是个见多识广、深刻明智、超脱、谦虚、平衡、健康、自然、快乐之人。

故现今知识群体中的人们，应尽早觉悟，开智化愚，力争做个明智、健康、自然、快乐之人。

用道学和儒学立体观点论证人的知识层次与境界

对于人的知识层次和知识境界，很多读书人甚至专家等权威人士均不知是怎么一回事，更遗憾的是自己属于哪个知识层次和知识境界都不知。有的人自认为学历高，层次就高，到处以权气逼人，或者说以权气感人、服人，更甚者以个人的行为观点去规范别人，这些行为都是不正确的。这几年来，中国书店里同一系列的书籍大同小异，实质上都是一统货，真正超脱的书太少。在人生方面的培训机构和学术论坛以及一些电视、报纸上的大讲坛所讲所写的同一系列问题，其内容也差不多都是一统货，无深度，无高度，感性多，理性少，无悟性，无灵性。今天为使社会之人能顿悟开智，特用道学及儒学的观点为你们诠释人的知识层次和境界的有关问题，望你们能顿智、明辨，真正步入智慧境界的人生。

一、道学与人的知识层次和境界

在道学上，人们在知识层次和知识境界上存在着四大类型，即“为学日益”“为道日损”“无为”“无所不为”之人。但这四大类型之人彼此之间没有明显的界限，他们之间存在着一个过渡带，且这四大类型之人中，“为学日益”境界是基础，且占据的人数最多；“无所不为”境界是人生追求的最高级境界，占据的人数最少，甚至只有个别人。但不同层次、境界之人在

认识问题、理解问题上差异很大，在人生价值和人生追求及对社会的贡献也有很大的差别。（如图）

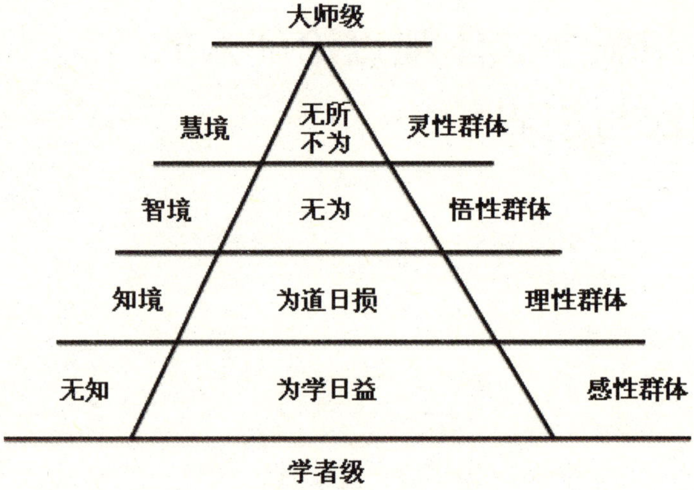

道学与人的知识层次和境界

1. “为学日益”知识层次和境界

“为学日益”的知识层次和境界是人生治学的前提和基础，这个知识层面群体人数最多，占据的社会空间最大。“为学日益”之人，一辈子十分喜欢读书，同时又十分喜欢学人做人做事，好好学习，天天得益，但大多数人在读书与学人做人做事过程中无明辨能力，过分相信书本知识，相信心中模范，感性十足，对书本知识正做正用，错做错用，虽博览群书，却无自己独特的理解问题能力，严重缺乏理性，人生糊涂，无知无觉，一辈子跟着书本走。因此这类人虽有一定知识，但知识层次低，学识境界处在无知状态的境界，人生认识事物过程和认识水平属感性，这类人称为社会感性群体之人，也就是“为学日益”知识层次和境界之人。

2. “为道日损”知识层次和境界

“为道日损”知识层次和境界之人，是由“为学日益”上界之人发展形成的。“为学日益”上界之人，特别是进入两者过渡带之人，在社会实践活动的过程中，逐渐把书本学到的知识投入到社会实践中去检验，通过去伪存真，去感存理，取其精华，明辨是非，步入理性，由无知境转变进入知境，这个知识层次和境界之人实质上是知理之人。在人生知识层次空间上还是较低级之人，但是一般能进入知理境界之人，人生错误思想、错误路线、错误行为都较少。人生价值上追求的效益相对较高，知识层面的立论和观点得到人们的认可，做人做事都较为顺心。社会上绝大多数读书人、学者、专家，所到达的知识层面都集中在这个层面上。社会上书籍、书本知识水平也大都是这层面上的水平，即所谓一统货水平。这个理性群体“为道日损”之人，在社会上所占人数多，空间大，级别高，是社会进步的主流。

3. “无为”知识层次和境界

“无为”知识层次和境界之人是由社会人群中的智者组成的，其学识境界已达到悟性境界，也可以理解为由具有悟性的人所组成。其形成与发展是以“为道日损”之知识层次和境界之人的理性群体为基础，也就是说在知境理性群体中，个别思维问题较为高级，特别是具有立体思维或批判性思维之人或具有创造性思维之人，能对理性过程进行多方面的思考，在思考中感悟出新的方法，或者是对理性过程的各个环节进行批判思考，在批判中发展、创造、发明、发现新的解决问题的方法。同时通过较高级的实验、实践，把原来的理性知识以及发明创新的知识和方法进行系统化的加工，形成自己独特的知识体系，又把这知识体系形成论著。达到这种层次和境界之人，是“无为”知识层次和境界之人。这知识层次和境界之人，在现今社会人数较少，达到此层次和境界之人，才算是大师级的人才。在这层面以下的人，不管学历多高，权威多大，都是学者水平，他与大师水平相差很大，我希望中国教育特别是高等教育应朝这方面发展，使我国多出大师级的人才。

4. “无所不为”知识层次和境界

“无所不为”知识层次和境界之人，是社会知识层面和境界最高级之人，是由具有灵性和慧境境界的人组成，他们在社会上等级高，人数少，占据空间不大。由个别“无为”境界有悟生智入慧之人发展变化而成，也就是说是由智者上界之具足智慧之人通过后天悟境进一步修炼出智慧，再由智慧进入先天灵性感应后，通过先天性灵光一闪，慧从心生，进入慧境，然后在慧境的境界中，把你完整智慧境界的知识体系进一步升华，拓宽到超凡脱俗，成为不生不灭、中阴状态的经典，即形成不随时空和历史条件变化而变化的经典，且此经典能得到世人公认、学习和传颂，对人们认识人与世界能起到积功累德的作用。这境界之人实质上是圣人，是万世师表之人，也是大德之人。

因此，道学观点衡量人的知识层次和境界，不是以学历来衡量，而是以人的智能量级和精神境界来衡量。通过这一学习，我们就能明白自己现有的知识层次和境界，明白自己在道学上的知识层次，从而懂得定位自己以及明白今后发展的方向，争做一个“无为”之人，个别先天慧境者力求自己成为一个“无所不为”之人。

二、儒学与人的知识层次和境界

人的知识层次和境界如何定位，儒学在《中庸》一书中讲得十分清楚，“博学之，审问之，慎思之，明辨之，笃行之”。也就是说在儒学上人的知识层次和境界存在这五方面之人，且在这五方面中，一个人的知识层次和境界，“博学”是前提，“审问”“慎思”是基础，“明辨”是关键，“笃行”为崇高理想。在儒学上也可以说社会学生学业精进方面有五个台阶，第一个台阶是“博学”，第二阶是“博学、审问”，第三阶是“博学、审问、慎思”，第四阶是“博学、审问、慎思、明辨”，第五阶是“博学、审问、慎思、明辨、笃行”。因此，作为中国人，一定要明白自己的知识层次和境界，这样才能定位自己，才能明白自己知识层次和境界进取的方向，从而明白自己将来在社会上是成才、成功还是成德之人。

1. “博学”之知识层次和境界

博学是作为一个学生或学者学习知识完成学业及成才的前提，他的主要要求是达到学识渊博，一定要不断广泛地学习。既要学习理论知识又要学习社会知识，既要博古又要通今还要拓展未来，要学自然科学又要学社会科学，要学人文知识又要学自然知识。学的目的是为了知，但个别问题理解是知，其实大部分还是不知。所以“博学”之知识层次和境界的人，只不过是感性、无知境之人。这类学生和学者在人类知识层次和境界上是低级的，这样的学生如果不加以学习进取，在社会上难有作为，事业难以发展，他的成功之路还是遥远的。

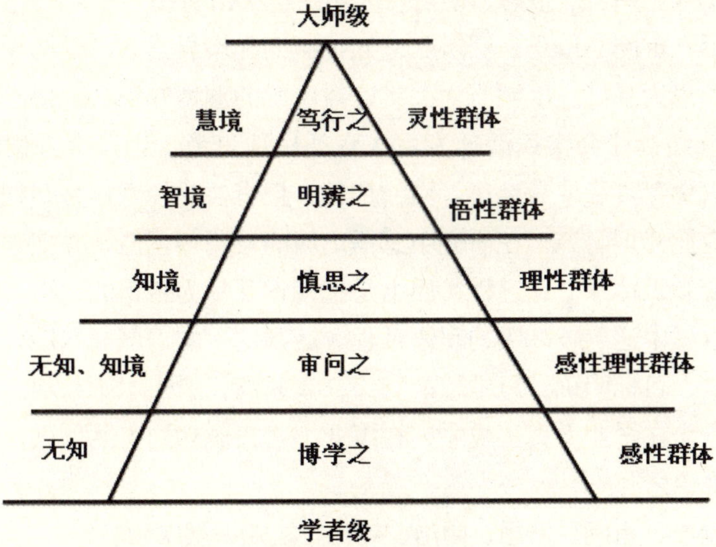

儒学与人的知识层次和境界

2. “博学、审问”之知识层次和境界

“博学、审问”之知识层次和境界之人，以博学为前提，通过感性认识水平的提高，对所学广博知识逐渐产生怀疑的态度，同时又在怀疑中提出审问，从而进入较低级的理性状态，即由感性认识水平开始步入理性认识的初始状态。这类知识层次和境界之人，学习特点是通过感而理之发展为学而问之、问而知之，其人生有所作为，有所进取，事业有所发展，前程开始步入光明，人生价值也开始凸现。

3. “博学、审问、慎思”之知识层次和境界

“博学、审问、慎思”之知识层次和境界之人，以博学为前提，审问为基础，对所学的广博知识及所提出的问题，结合社会实践活动能够慎重地思考，思考问题方式达到线性思维的水平，这时思考问题由感性认识完全进入理性认识水平。学识境界由知境状态完全进入智境的处事状态，这类知识层次和境界之人，不但进取心强，而且做事条理清楚，思路清晰明达，能把所学的知识通过社会实践逐级理顺。这类人在社会各行各业岗位上前途光明，心志相通，大有作为，这类人在社会上不但真正成才，而且已步入成功。

4.“博学、审问、慎思、明辨”之知识层次和境界

“博学、审问、慎思、明辨”之知识层面和境界之人，以博学为前提，以审问、慎思为基础，以明辨为关键。对所学的渊博知识通过提出问题认真审问，又能结合社会实践活动慎重认真理性地思考，经过全方位理性的分析，通过去伪存真、取其精华、剔除糟粕，把有益的知识进行归纳、综合，然后结合专业知识研究，在研究中感悟出新的发明和创造，并把它系统化，构成自己的知识体系。这过程实质上是把知识升华为智识的过程，也是这类人在认识过程中达到较高级的理悟过程。达到这一知识层面和境界之人，做事思路清楚，目标明确，思维超前高级，素质高，道德水平和观念强，人生价值高，是个在学业上真正成才，在事业上真正成功的上品之人，在人生上又是积功累德之人。

5.“博学、审问、慎思、明辨、笃行”之知识层次和境界

“博学、审问、慎思、明辨、笃行”之知识层面和境界之人，以博学、审问为前提，以慎思、明辨为基础，以笃行为人生崇高追求。这类人不论对学过的理论知识及社会知识，不论国家法律、方针、政策，还是现代知识和历代经典以及天地人之道，都能发挥他的灵性和慧境，明心见性，都能去伪存真，明辨是非，在明辨的基础上悟出超人一等的独特纯正专一的智慧性见解，又能把这智慧性见解通过先天性的灵光一闪，慧从悟来，进入慧境的学识境界，形成千百万年不易的大道理，也即在大道基础上出现独特的发明和创造，又能对他所达到的系统理论水平通过社会实践、明道心悟，对系统理论知识起着加深、拓宽、升级作用，使原来系统知识从知升华到智，又从智升华到慧。这知识层面和境界之人，是社会上大师级之人，他的人生是慧境高级的人生。这种大师级之人，工作任劳任怨，志向像天地一样崇高伟大、厚德温顺。思维是高级的立体思维，他的人生是最高级的立体人生，人生不但成才，而且成功，更伟大的是成德。

因此用儒学来看人的知识层次和境界，我相信大家还是觉得自己很低级，通过这一剖释大家会明白读书、做人、做事的大方向，领略读书为人处事的大道理，不断提高自身的知识层次和境界，做一个真正成才、成功、成德之人。

“幸福”的理解和感悟

人生在世，不同的人生有不同感受的幸福，有的人认为丰衣足食，儿孙满堂是幸福；有的人认为家庭和谐，子女出人头地是幸福；有的人认为家财万贯是幸福；有的人认为生活一天比一天好，收入一年比一年多是幸福；有的人认为家庭老少四季平安就是幸福；有的人认为有个美丽的娇妻陪伴终生就是幸福。这样的幸福高度概括起来，不论从精神上、物质上、生活上能使自己满足、快乐就是幸福。

不同的人有不同的层次，对同一事物就有不同的认识和理解。总的来说，有的人是从小道的角度去理解，有的人从中道的角度理解，有的人从大道上去理解。对同一事物，如果切入点是从小道或者中道去理解，往往是各有各的说法，争论不清。如果能从大道上去理解或感悟，则一清二楚。大道从数学角度说是公理，是放之四海而皆准的东西。中国文化之根是易学，中国文化能从易学的角度去理解问题，就是大道之问题，智慧出于大道，能从大道悟出的道理，才是有智慧之道理。

“幸福”二字，“幸”字是“土”与“¥”的组合，从字面上看，一个人或家庭有土地，有牛羊或者有¥，即有钱，就是幸；而从五德来说，土为元气主信，¥为兑为金为元情，代表义，¥表示深情大义。因此一个人，如果做人做事人家相信你，对你有情有义，同时你也相信人家，对人家也深情大义，彼此就有幸。从易学的角度看，“幸”字上为乾为土，下为坤为¥，乾为父，为领导或老祖宗，老祖宗及土地使你有诚信有名气；坤为母，给你温顺、深情大义，给你金钱，你也有幸。

而“福”字由“衣”“一”“口”“田”组合而成，所以最基本的是有衣服、田地、人丁、六畜就是福。从易学五德论，“衣”为木，主仁，为元性。“口”为兑，主情义。“田”属土，为元气，主信，是中宫皇极，即本也。“一”为天为父，表崇高伟大、自强不息。“田”为坤为地，表温顺、宽厚、谦恭，还表示做人心要正。所以什么是福呢？福是以信为本，有天有地心正，且有仁有义有情有性就是福。

所以什么是幸福呢？从字面即字之结构上看，有田地、钱、人丁、六畜就是幸福。而从易学五德上看，则是以信为本，有天有地有情有义心正就是幸福。

从现实上，我认为，一个人物性满足又有崇高精神境界，便是最幸福之人。

悟语

诚信为本
有天有地
有仁有义
有性有情
心正幸福

“以人为本”的深层“仁爱”之义

近几年来，下至平民百姓，上至中央领导，在讲话时均经常提到“以人为本”，但我相信真正能理解“以人为本”之意义者甚少，个别人只会跟随广大民众的新潮语言，根本不懂得一点意义。

“以人为本”一词近几年来为什么会如此狂热呢？原因是诺基亚的广告，报纸、电视中诺基亚的广告词“诺基亚，科技‘以人为本’”，其广告词之实意是“诺基亚，科技为人类服务”。因此，“以人为本”一词实质上是被诺基亚广告带旺的。

“以人为本”一词，实质上在上古时代中国人早已提出，但出自不同名家有不同的理解，这也可能是中国传统文化多元化的特点所造成的。所以中国文化中的字、词、句站在不同高度，有不同的理解，使中国文化具有深层次和多元化的特点。

从人的生身之本来说，人的生身之本是父母。所以孟子说“父母者，人之本也”。人必须孝敬父母、顺从父母，供养父是天经，顺从母是地义，孝敬父母天经地义。拿钱供养父母是有形的孝，也是人生一半之孝，但为人子女，很多人认为奉养父母就是孝，其实仅是其中一方面；人生孝的另一方面——顺从并完成父母心愿是无形的孝，此孝很多人都不知道，也不知怎样做。有的人知道怎样做，但由于目前的具体问题和条件的限制，终生无法完成父母内心的心愿，使人生忠孝两难全。因此社会之人，有孝心之人多，孝子少，忠孝双全之家风更少。

从自然界的角度来理解，自然界中有无机物、有机物和微生物，或者说动物、植物、微生物和人类，以人为本实质上是指人类，即一切建设和生活都是为人类服务，所以自然界的一切动物、植物和微生物都是默默地为人类服务、为人类奉献的，社会一切经济建设都是为人类服务。

从人的本性上理解，以人为本实质上就是以仁义为本。因为仁义是人的准则，人失去仁义就不是人，即不三不四之人，这要从易学六爻之大道来理解。在易学六爻中，一、二爻为地，立地之道曰刚柔；三、四爻为人，立人之道曰仁义；五、六爻为天，立天之道曰阴阳。所以从大道及人的本性看，以人为本实际上是以仁为本。三、四爻为震巽之数，震为阳木，巽为阴木，三、四爻实质代表阴阳之木，在五德中，仁属木，为人道。所以以人为本实际上是以仁为义。

人生在世，人由于欲望大，心中的浮云障碍多，对其本性十分糊涂，即未能明心见性，人就容易忘本，致使现今之人忘仁，且大多不识仁，也不懂得自己今生今世为人处事是否达到仁的标准，是在行仁、做仁，还是在害仁。今天我从易学自悟出来的“仁理”，你若能听懂，就会明白你一生做人做事是在行仁、做仁还是在害仁。“仁”字从结构上，上“一”表天，下“一”表地，中间为人就是仁。所以仁者效天法地，仁者有天有地，效天之崇高伟大、自强不息，法地之温顺、谦恭礼让、厚德博爱。天为父，地为母，仁者效法天地，孝敬父母，一生为仁者，孝敬尊长。

在五德上，仁属木为元性，仁像木一样，自然界中的一草一木及其农作物，都给人类带来无穷无尽的好处。谷物果实为人类提供食品、粮食；木通过光合作用为人类默默奉献氧气，使人类得以生存；草木等药材为人类治疗百病；木材为人类提供家具及装饰材料；花草也为人类奉献鲜花，为大自然保持水土，涵养水源。草木爱人类，木属仁，为仁者，所以孔子说，仁者爱人。如果人类滥伐森林，滥垦草地，伐要用刀、斧等金属器械，金属义，砍伐森林草地为人类不义，即人家对你仁，而你对人家不义，自然界水土就会流失，人为灾难就会增多，你也会受到自然的严厉惩罚。所以人类要爱护自然界的一草一木，要感恩自然界的一草一木。你对人对事是否在行仁、做仁，你可以按良心考虑，今天的地位、物质、环境是谁给你的，你反过来应当感恩他爱护他，这实质是人者爱仁。若是这样，你是在行仁、做仁。如果反过来你是在伤害他、埋怨他，即人家对你仁，你对人家不仁不义，你干的事就是在害仁。

所以中国的政府领导和政府人员以及社会的企业家及一切成功人士，都要好好感恩国家、感恩政府，千万不能干对不住党和国家的不仁不义之事。美国巴菲特、比尔·盖茨把家产捐献给社会，实质上是仁者爱仁的大举。中国人特别是得到国家政策、资金支持发财之人，即国家对你仁，希望你像巴菲特、比尔·盖茨义捐资产之举一样，你也要对国家仁，中国的有钱人回报社会，回报国家，在仁爱上是以人为本，是应该的、必须的。

悟语

以人为本

以仁为本

仁者爱人

人者爱仁

人生三欲——物质、性、精神

人生欲望是随时空和历史条件以及人类征服自然、改造自然能力的变化而变化的。不同社会层次，不同理念、信仰，不同社会制度的人有不同的教育方式，导致人的欲望有所不同，有的欲望大，有的欲望小，有的人只追求实现人生最基本的欲望，有的人实现人生最基本的欲望后，心中会出现第二、第三等欲望，有的人欲望实现后就特别知足，有的人实现后也会永不知足。

不同国家、民族，由于教育制度、教育理念、社会法理及社会保障制度不同，人的认识水平以及人的智慧也有不同，但在人生欲望的追求方面其实不外三种：一是物质欲望追求；二是性欲望追求；三是精神欲望追求。

人必须追求欲望，特别是追求合理合法合自然道的欲望，只有实现，人生才有价值有意义。在追求人生欲望到实现的过程中，尽量做到顺其自然，即尽量顺应这一时空的天时、地利、人和的统一关系，同时尽量用法理的头脑量力而行地追求欲望和实现欲望，量力即量自己的能力、物力、财力、精力、神力。在自己力所能及的前提下，实现的欲望才是合理合法合自然道的欲望。这欲望才能体现出人的价值、意义，否则不自量力，刻意追求可以实现欲望，但往往扭曲人生、扭曲社会。这欲望暂时虽然实现，但由于违反天理、地理、人理、法理等，有朝一日定能破绽百出，一败涂地，实现这种欲望，人生无价值、无意义。人生必须有欲望，有欲望才有动力。追求欲望的过程，是人生充实的过程，但不同的人欲望的大小不同，追求的方式也不同。这是由社会保障制度、教育制度、人的动物性、宗教信仰、道德水平等方面决定的。

中国的社会保障制度过去不够完善，人生在世衣食住行未能达到无后顾之忧，人生追求最基本的生活保障（物欲）是必要的、自然的，但由于受文化教育影响的不同，人与人之间、家与家之间齐家思想也不一样。层次低、齐家齐人观念强的人一般欲望大，但欲望层面不齐全。层次高、境界高、智慧高的人，欲望小，但欲望追求层面齐全。在欲望的追求方式上，有的人固执地追求，即人生锁心的追求，全心全意为实现欲望而拼命工作，勤俭节约，小气小量，这种人一辈子过得又苦又累，过得十分不开心，人生欲望的实现，好多拼了一辈子连基本的物质欲望都无法实现。有的第一欲望实现后，出现第二欲望，一辈子欲望随时空的发展而增大，欲望大到出现无止境的贪婪，大到超越自身的能力，致使欲望与天地人失衡，物极必反，事业破败，人生无意义、无价值。

有的人比较顺其自然，专心地追求生活欲望，特别是衣食住行等最基本的欲望得到实现之后，认真做事，积极生活，开心做人，这类人欲望较小，且容易满足，特别是欲望满足后开心为人，悟性打开，精神境界提高，追求人生意义、人生价值，从而使人生欲望的层面得到拓展，这类清心寡欲之人的人生，是幸福的人生，有意义的人生。

人生欲望的追求和实现，特别是对欲望层面的追求，即物质欲望、性欲望、精神欲望的追求，是随着人生发展而变化的。一般人年轻时追求物欲；中年时期有一定的物质条件和经济基础或上层建筑，如果性欲不满足，则追求性欲；人生到了中老年，物欲满足，性欲也满足，个别文化层次高、有觉悟之人，则真正看破红尘、看破人生之后，才觉悟人生的价值、意义，才会追求精神欲望，做一个真正有价值、有意义的人。因此，一个完美的人生，其实是一个物质欲望、性欲望、精神欲望都能实现的人生。

一、物质欲望的层面及实现

实现物质欲望的追求，是人生的最基本追求。马克思哲学中也指出，物质是第一性的。在现实生活中，衣食住行也是第一性，所以物质欲望是人生的基本欲望，也是人生欲望的基础和前提。

人生的基本物质欲望，主要包括日常基本生活（食）、房屋（住）、服装（衣）、车（行）等。人生的初级阶段，干任何工作，都是考虑这份工作的工资够不够本人日常基本费用开支，如果够用或略有剩余，且这份工作又适合自身的发展，就会接受这份工作，并为这份工作而奋斗。如果这份工作的工资未能满足衣食住行日常费用开支，一般不会做这份工作，所以衣食住行的实现是实现物质欲望的基础。

人生在世，千差万别，不同层面、不同认识、不同教育、不同智慧、不同家庭有不同层面的物质欲望追求，人生物质欲望追求是以最基本、最简单的衣食住行等实现为基础，而不断升级、不断拓展的。同时不同社会、不同历史时期，物质欲望追求和层次也不一样，满足感和开心程度也不同。我们的祖辈，拼命一辈子，追求物质欲望只有两个字“温饱”，能实现温饱就满足了。到了20世纪六七十年代，或我们父辈年代，在追求温饱无忧的同时，通过节约略有剩余，且利用剩余的钱能建设一套四合院，就是他们人生最大的功德、最大的成功，就很了不起。祖辈之人，物质欲望未能充实，性欲望、精神欲望还是比较缺乏，同时又比较低级。到了我们这个时代（80年代至今），人的物质欲望从点到面，从面到体，发生了翻天覆地的变化：住宅——小土屋→小楼房→多层楼→小高层→高层楼，土宅→温饱型住宅→生态型小区住宅→豪华型庄园别墅豪宅；衣服——自制的土布衣服→国产杂牌衣服→国产品牌衣服→世界品牌衣服→世界名牌衣服；食品——家庭温饱的自种自给的菜饭→社会小食坊（低档菜）→社会中等食坊（中等菜）→高级酒楼的高档菜；出行——步行→自行车→摩托车→公交车→国产杂牌小车→国产品牌车→世界品牌车→世界名牌车。过去老一辈人求温饱，现代人追求钱财富贵、堆金积玉。人生物质欲望的追求是多方向、多层次、无止境的。物质欲望实现了，人自然变成有钱人，但我申明不是富人，能实现物质欲望级别愈高的人，人自然愈有钱，有钱人的四个标志是钱润屋、钱润车、钱润身（衣）、钱润食。这些人都是贪婪之人，千万别以为他们都在享乐，其实很多人都是极不开心之人，因为他们在实现物质欲望过程中，由于心态固执，埋头奋斗，当第一物质欲望实现后，实现第二欲望，他们对物欲追求很强。这些人，在物质占有方面永不满足，很多人心结受锁，贪婪至极，永不开心，心结不开，人生无法升华，无智慧，无智慧之人就无道德，无道德的人生就无价值、无意义。他们的事业是一时风光，总有一天会消失而破败。因此，人生的物质欲望必须去奋斗、去实现。但奋斗到一个家庭的基本生活无后顾之忧时，要学会知足常乐，适可而止，看破放下，开心做人，升华境界，精进智慧，多为人类做功积德，使新的事业合于天地人之道，合于法理，合于自然之道，这样发展的事业不但成功，而且能成德，人生自有意义和价值，这样的人生才不会荒废。

二、性欲望的实现与层面

性欲望是人生追求的重大欲望，俗语云“富贵思淫欲”，加上人是高级动物，就具有动物的所有本性。中国文化中有家庭文化、家族文化、民族文化，在这些文化的发展和影响下，从古到今，中国人的文化结构实质上是打造老太公的文化，即人生拼生拼死都是争取把自己打造成一宗一脉的老太公。要当老太公，自然要人丁兴旺、儿孙满堂，要儿孙满堂，古近代之人，有的自然要三妻四妾。实际上，实现这样的目标，就是为了实现自己个人的性欲望。因此，性欲望是动物性人类的本性及社会文化结构的必然产物。性欲望是人类社会发展的必然结果。

不同层次、不同教育、不同境界、不同宗族的人，对性欲望的追求和实现是不同的。但性欲望高低应取决于物质欲望，物欲是性欲的基础。

在古代及近代，人们的性欲望主要由物质欲望实现的水平决定，即由家庭经济水平决定。整个社会从官到民，性欲望追求比较自由，且差别较小。

在现代，由于社会缺乏伦理教育、人性教育、道德教育，人们仁义伦理层面认识不足或缺失，社会上很多人为人处世缺乏仁义之心。因此很多人动物性的行为比较突出，加上现代的文化教育内容不足，且在其教育影响下，人们不是向高级动物的人类发展，而是使社会绝大多数人往动物性的人类发展，这是现今社会最大的悲哀。纵观现今社会之人，不管其受教育的高低，不管官与民，不管贫富差异，人的动物性行为及特征越来越明显，动物的本性是为食物、性欲而打打拼拼，你死我活地争斗，称王称霸，无法无天，且胜者生，败者亡。我经常遇到一些有钱人，家里钱财甚多，但由于性欲萎缩而无法性爱，其非常悲哀、失落，有的对我说："廖老，我打拼到今，有钱有什么屁用，连性爱都不会了，一点享受都没有，人生太没意思了。"我不客气地回答："因为你是低等动物，才会性爱一消失，就觉得人生没意思。如果你是高级之人，你就会感受到人生太有意思了，一辈子都干不完的事情太多。"这种表面是人，行为却基本上是动物的人，现今社会实在太多了。

人生在世，应按良心问自己：你是什么人？答案有很多，如我是魔鬼；我是动物；我有时是人，有时是动物；我是人；我是人，又是君子；我是君子；我是圣人；我是大德之人……希望大家会认识自我，且能逐级精进提升自我，做一个有意义有价值、不荒废今生今世的人。

观现今社会人性，从认识人性、认识社会及人性境界来划分（此划分不与社会工种、学历高低、职位高低、贫富差异挂在一起）。

层次低的人，一般性欲望高，为使自身的性欲望能够实现及满足，他们在做人做事上不考虑物质欲望水平的高低，极端固执、自私，极端贪心甚至厚颜无耻，以身试法去追求性欲望，追求性目标，进行性行为，以及实现性结果，与动物全无区别。这些人认识性享受的幸福指数是用数量来衡量，这种人是动物性或魔鬼性的人，其结果将是家庭、事业或仕途必定破败于性，个别严重者将死于性。

中层之人，一般性欲望比较适中，性欲望的实现时时都与自身物质欲望水平高低相挂钩。属富贵思淫欲的人，其人生还是物欲第一，性欲第二，人生性欲望是主体第一，客体第二，主次分明，追求性目标，进行性行为，实现性结果，都是比较文明、自然，隐蔽而不外露。这类人认识性享受、实行性欲望的幸福指数是质量第一，数量第二，他的人性可谓有时动物有时人，其受性的影响造成的结果若没有出现问题，在家庭、事业或仕途上，一般只是破财，但不会破败。

高层次之人，也需要性欲望，但性欲望较小，且在满足和实现性欲望的过程中重质量。当性欲望的对象达到质量要求时，不论物质欲望高低，他都非常满足，非常快乐、幸福，属于白头到老、心心相印的人生。人生讲仁义，讲道德，讲伦理，幸福指数较高，在事业、家庭或仕途较清心、平稳、顺利，在性欲望上较容易满足。所以高层之人，人生的欲望较容易升华进入一般人较少有的精神欲望境界，这种人生也属动物性行为少，而人情味浓的人生，这种人才是真正仁义之人。

三、精神欲望的实现与层面

精神欲望是人生最崇高、最伟大的欲望。人有没有存在动物性行为，关键看人有没有精神欲望。纵观社会，特别是现代社会，由于社会文化教育缺失，社会功利心强，人们在社会人文活动中越来越现实，越来越看重钱财。所以现代社会之人越来越没有精神境界，约百分之八十以上的人是没有精神境界和精神欲望的。

人与动物是有区别的，我们从中学课本上知道，人与动物的区别是人有头脑、有思维、有智慧。但是这里我告诉你，人与动物的根本区别是：有精神境界的是人；没有精神境界及精神欲望的表面是人，但为人处世的行为其实是动物。除此之外，动物有生魂、觉魂，而人有生魂、觉魂外，还有灵魂。所以做人应做一个真正有精神欲望、精神境界和具有灵魂之人。

人要有精神欲望，有精神境界，人生才有意义、有价值。人生在世，若仔细观察和思考，也许会有这样的发现和感慨：从古到今，社会上有百分之八十以上的人都是有功无德之人，百分之八十五以上的人一生都是空来一趟的人，这些人一辈子为家庭、为生活打拼，为实现自己的物欲、性欲拼命一辈子，活得又苦又累又不开心，有的甚至连最基本的物质欲望都无法实现。人生一辈子被童蒙、情蒙、钱蒙、老蒙，蒙你一辈子，到最后，等到觉醒之时，往往已将近离世，这类人的人生一点意义都没有。所以精神欲望的高低是检验人生有无意义、有无价值的唯一标准。

现在的教育，实际上是功利教育，也是固执锁心的教育。知识越多和钱财越多之人越固执，越自以为是，越锁心结，心结受锁之人，越小气、计较、自私。这类人的人生从广义上讲，属不开心、贪婪的人生，其物质欲望及性欲望大。生活不开心，人就不能开启智慧，人生就无境界、无意义。人要看破放下，降低物质欲望和性欲望的追求，才容易进入无压力的人生状态，人生才会知足常乐、适可而止。人要常乐，就要开心，由于压力减少，人才会容易开心，开心之人的人生境界才能够得到升华，人才会出智入慧，才会有悟性，才能参赞天地、化育万物，人生才能由人道拓展到天地之道，才能由物质世界升华到精神世界，人才能识大道，从而才能真正参悟人生的意义及价值。

因此，人生从物质欲望、性欲望转入精神欲望，是人生从动物人性转入高级人生的关键，也是人生从成人、成才、成功转向成德的关键。可见，人生最高的精神境界追求是成德。

悟语

降低欲望

开心生智

出智入慧

成功成德

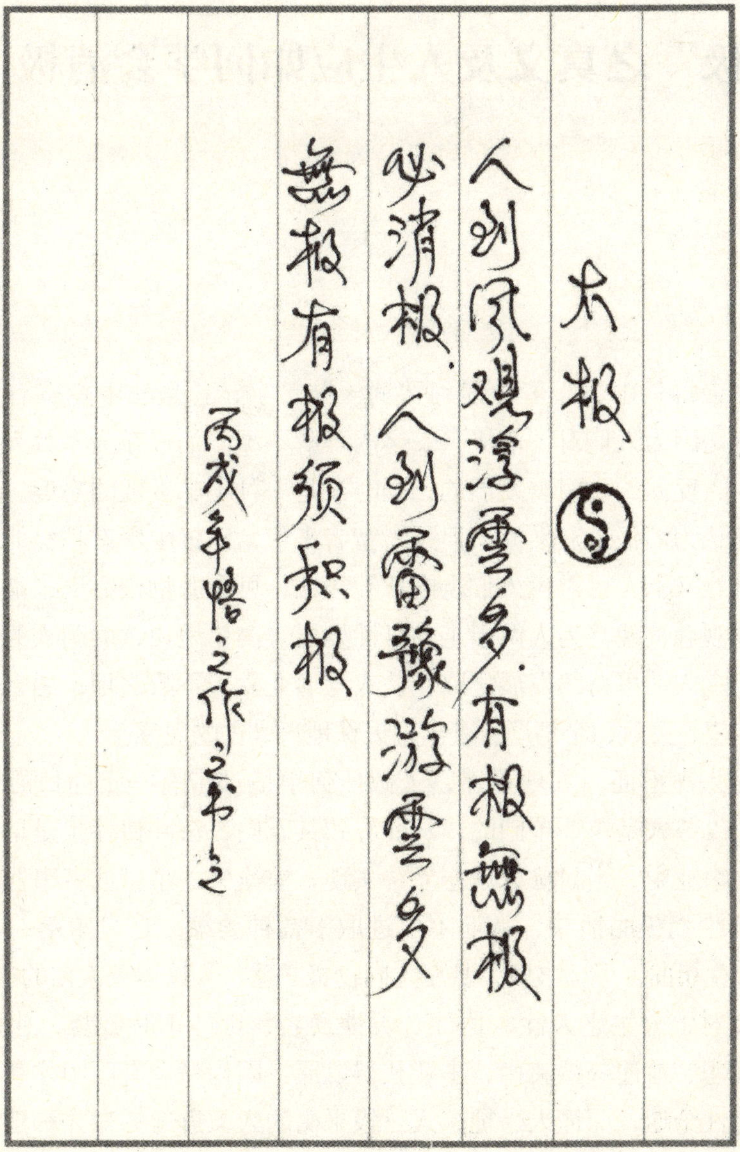
太极 ☯

人到风覌浮雲多，有极無极必清极，人到雷豫游雲多

無极有极须积极

丙戌年悟之作之书之

“消极”之真义及人生应如何学会消极

在社会群体中，人们一提到“消极”二字，总是心中觉得有点失望而可怕，这是因为人们对“消极”二字的理解不深。消极在大多数人的理解中是否定的、反面的、阻碍发展的，同时又是一种不求进取的态度，最终造成人们普遍认为消极是贬义的。但是对智者来说，消极中含有积极的一面，消极在某个意义上，可避免人们走向恶性极端，可克服物极必反，消极可更新改变人的观念，使其为人做事走向良性发展。简单地说，聪明人的消极可避凶趋吉，走人性可持续发展之路，使人与事业立于不败之地；愚蠢之人的消极，则绝望、失败，个别严重者出现天诛地灭人亡的现象。

因为人性不通，人理不懂，人做任何事情都带有一定的目的性、表面性，其思维方式是单一单向的，从而导致其志向、奋斗目标也是单一的。因此在人生事业中，当目标、理想无法实现，前途失去希望或者事业失败时，就马上产生消极的情绪，从而不求进取，精神萎靡，自甘堕落，个别严重者，则人生扭曲，形体破败，甚至走向物极必反、天诛地灭人亡的道路。

消极对于人生之人性、悟性、灵性通者，则能审时度势，化消极为积极，使理想、前途获得新生，事业获得发展。因为一个有聪明才智之人，他的人生之性全通，深懂天、地、人三极平衡的人文道理，对人和事物的得失都达到看破放下的境界。因此，在人生理想追求和事业的发展中，当看到某一极发展不平衡时，他能高瞻远瞩，不但能从失败中寻找教训，而且能及时果断地采取真正消极的方法，纠正工作中的错误观点，采取消一极而平衡他极的方法，这样的消极实质上是为了更好地平衡表面看似消极而实质上默默转化为积极，这样就可以更好地克服物极必反、避凶趋吉的现象，重新拓展事业的声誉、威望，重建诚信，使事业获得新生，且能正态发展，从而立于不败之地。

因此“消极”二字在不同层次之人的理解和做法是不同的，其产生的后果有明显的差异。所以做人立身要高些，着眼点要远些，要修身养性，以德感人，提高素质，才能真正明辨是非，提高觉悟，同时用人生最高境界的观点去体验人性，用消极的方式化险为夷，避凶趋吉，使人类的生活更加美好、更加成功，事业更加辉煌。

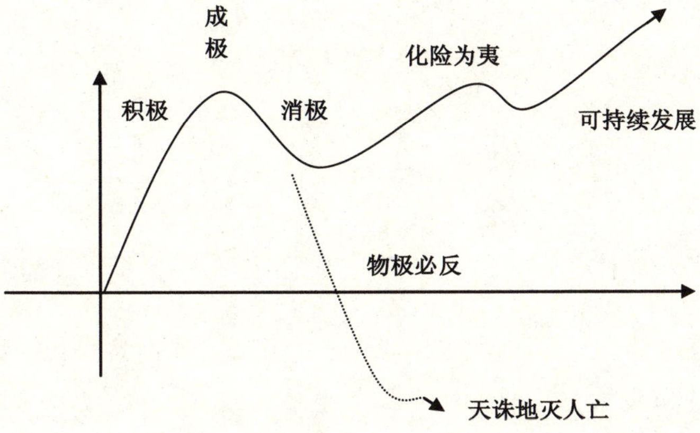

悟语

人到风光浮云多，有极无极必消极

人到落魄游云多，无极有极须积极

用人管人理人安人之道

顺其自然应运而生，人尽其才

物尽其用。用者勿疑，疑者勿用

心智相通刚柔相济。开智化愚

培植素质，诚实守信，同心同德

宽厚仁爱，众望依归，事业发达

基业永固

王金年作之

“管理”的易理与易学人生关系

“管理”二字是现代社会必不可缺的重要字眼，也是现代企业无法摆脱的字眼。现代人文社会对“管理”二字都有一种共同的体会：做管理难，做好管理难，做会管理的领导更难，做人人满意的管理者难上加难。但是这种通病是由什么造成的呢？实际上是由于人们对现代管理之道、管理方法、职责及范围、领导方式等认识和理解不深、实施不力所造成的，特别是对众说纷纭的管理，从来没有一个标榜和规范，使人们能心服口服。但是通过多年的研究，真正能揭示和规范管理的思想方法和工作方法，让管理者心服口服的则要追溯到中国传统古典文化——《周易》。

《周易》中的乾卦、坤卦揭示了管理之道：管理，顾名思义是管人、理人，他的目的和结果是达到安人。

管人的卦象属乾卦。管人的标准和方法必须由乾卦的爻辞来规范。乾为天，古人直观认为“天永无休止绕地而转”“天行健，君子以自强不息”，也即管理者应为有道德的庄严尊长，无道德的小人不能任命为管理者，管理者必须经过有计划的培养、锻炼和发展方可登上领导高位，同时应把正直的人提拔出来，放在邪恶的人之上，这样被管的人才安定，按原则办事，不徇私情，不私下请托，大显正直品格。管理者必须遵循自然客观规律，遵纪守法，任人唯贤，刚健正直有为，自强不息，修养天地正气。管理者必须效天法地，才能显示博大、崇高，即崇德广业。这样才能不注重私我，离私离念，才能显示伟大仁德，志存高远，尽性立命，顶天立地，心思要大，志向要大，要有大无畏的英雄气概、勇于冒险的豪迈性格、坚忍不拔的顽强毅力，及勇于创新、勇于牺牲的高尚精神，大力倡导和追求“穷理尽性，以至于命”的理想境界。

理人属坤卦，即理人的标准和方法必须由坤卦的爻辞来规范。坤为地，地处卑下而顺承于天，其性为柔顺，柔顺之德纵向天边，横向无涯，敬以直内，义以方外，谦逊中正，厚德载物，即天无私覆，地无私载，理人者最可贵的：一是气量。有大气量方有包容、涵养，有心理承载力和超越力，做到喜欢我的人我喜欢，讨厌我的人我也喜欢；能亲近的人我亲近，疏远我之人我也亲近；赞美我的人我赞美他，毁谤我的人我也赞美他；尊重我的人我尊重他，轻视我的人我也尊重他。能做到这样理人，不但能容人，更重要的是能以德感人，这就是“宰相肚里能撑船”之道。二是成事在于公平、公正。理天下之事，必须先公正、公平、公开，公则使被理之人高兴，身心平衡；公则天下太平。因此成事在于公正、公平，失事在于偏私。这也是正大光明之道所在，因此，理人能公，他的心自然就没有私欲；理人能正，他的心自然不存偏见；理人能明，他的心自然没有隐情；理人能大，他的心自然深厚广博。因此理人不能有私心，有私心就失去了公心，失去公心就无法理顺人心。故“理人宜宽大，公正严明，以爱为本”。

管理是管人和理人心物合一的结果，理人属坤卦，管人属乾卦，两者心物合一实质上是乾坤合一的过程。由于乾坤合为泰卦，泰卦阴阳相生，和顺平安，所以管人和理人的结果是安人。所谓安，就是要使受管理者安心于事，有安全保障，无杂念，无后顾之忧，最关键的一个问题是要尽能力满足个人的欲望，使他能顺心顺意，安心工作，从而充分发挥主观能动性和创造力。受管理的人安心做事，人与人关系和气致祥，身心健康，和谐之境，皆大欢喜，自然幸福快乐，工作的积极性和主动性得以全面发挥，经济效应得到不断的提高，从而自然合情合理地追求利润。由此可见，管理的最终目的或者说管理的成功在于安和乐利。

因此“管理”二字必须时时参赞天地而化育，时时刻刻用乾坤两卦的卦义来规范，做到任人唯贤、克己安人、知人善任，充分发挥人的主观能动性和创造力，亲君子而远小人，企业内部上下同心同德，为实现安和乐利的目标而努力。

悟语

顺其自然，应运而生
人尽其才，物尽其用
用者勿疑，疑者勿用
心智相通，刚柔并济
开智化愚，培植素质
诚实守信，同心同德
宽厚仁爱，众望依归
事业发达，基业永固

论人生的立体层面、生活空间及发展方向

自然界中的植物有上、中、下之分，上层为乔木，中层为灌木，下层为苔藓、地衣。植物中有阳性植物、阴性植物和耐阴性植物，自然界中的动物从其食物链中的关系来看有高级动物、中级动物和低级动物。天法地，地法人，人法道，道法自然。人与自然界的动植物一样，有人群的地方，就有上中下、左中右的立体层次及其生活空间。

人的立体层次与自然界的动植物一样，都是低层次的物种，数量多，占据的空间大，中层次的物种数量少，高层次的物种数量更少，使其立体人生层次的分布像自然界动植物一样，都是呈金字塔形的分布。

人生立体层次，其分布的模式是金字塔形的分布。事实上纵观古今，不论从政治上、经济上、文化上，社会人生的分布均如此。从经济上分，下层为工人和农民，中层为中资产者，高层为高资产者（如图1）；从政治地位、经济层次、文化教育来分（如图2），最低层是农民，较低层是小商人及蓝领阶层，中层是一般商人、小企业老板、白领阶层，较中层是中层企业老板及各行业的中层干部，高层是高级企业老板及各行业高层干部，最高层是各行各业的领军企业的老板、最高级干部。

人生不管怎样奋斗都无法摆脱这个金字塔形结构，且不论任何人，人生的奋斗都要从金字塔底部的低级发展到高级，这是每个人共同的愿望和志向。但其发展要如何定位，发展过程在现在需要什么条件，是关系到一个人人生价值的提升、人生事业的实现的一大问题。

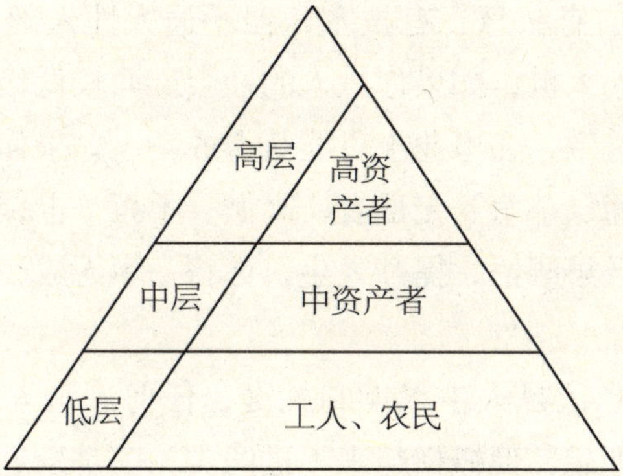

图1：社会人生立体分布

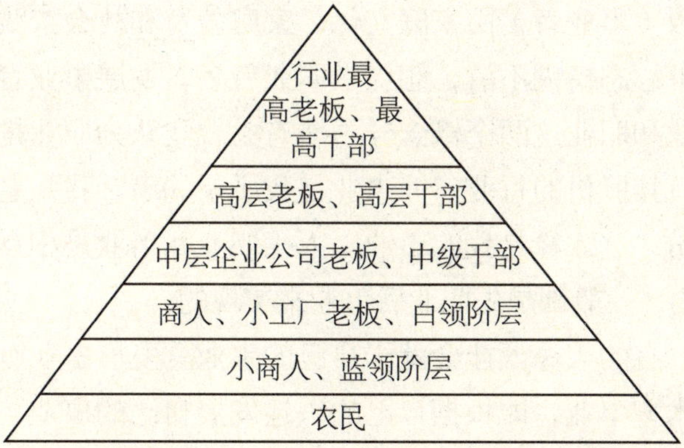

图2：经济文化层次的社会人生

人生入世，由于不同的家庭基础和家庭关系、不同的家庭教养和经济地位以及不同人的学识、智慧，不同人的胆量、气度等产生了不同的入世观念。因此刚从学校走向社会，要如何定位自己的社会平台，对你以后是否向上发展非常重要。

如果你无学识、无胆量、无技术、无关系，且你定位太高，步入社会后一定会丑态百出，成为同一平台之人的笑柄，事业不顺利，工作无法开展，你必定遭受淘汰，甚至从较高平台跌到较低平台，最终消极度日，无法自拔，沦落到满腹牢骚、怨恨人生、怨恨世界，一辈子不开心、不幸福甚至破败、早亡的地步。

如果你有学识、有智慧、有技术，但不通人性人理，心志高傲，不可一世，用这样的心态入世，如果你进入的社会层面较低级，则周围之人个个欣赏你，你将受人尊敬，在事业上可能获得成功。如果你定位入世到较高层次，由于你人理不通、小气、无朋友、高傲、不可一世，你在所在企业一定得不到重用，如不及早醒悟，提升人生，你将一事无成，一辈子不开心、不幸福。

因此如何定位自己是人生入世的关键，任何一个人从校门走向社会，都有不同的心态和理想，但概括起来不过两类，一是发展事业，二是谋求职业。但现有的教育内容、教育方式、教育者素质和境界，使得现有教育可能教出来的学生一生求职者多。纵观当今社会，我认为打工者（职业者）靠学校教出来，老板（事业者）由家庭文化、家庭教育和社会实践塑造出来。所以现在学生入世心态模糊不清，想谋求职业者多，发展事业者少。但这也与现代学生对事业和职业这两个概念分不清有关，我认为职业是你打工领薪的行业，且你没有其股份的行业。而事业是我所干的事，我是老板或所干的行业中我有其股份，这才算是我的事业。人生职业和事业是相互关系、相互制约、相互转化的，一般都是先职业后事业来实现的。

人生入世，有的人一入社会就干自己的事业。发展事业有三个途径可供选择：一是技术型事业，即根据自己的兴趣发展自己的事业，入世后直接入工厂做工学技术，学到扎实技术后，自己开办加工工厂，进而发展到生产工厂，又发展到贸易公司来发展事业；二是先职业后事业，根据自己的专业和志向以及行业的发展前途，有目的地入职到相关行业，通过打工升职加薪，逐渐提升到公司高层的位置后，使自己拥有相当的客户群，然后离职兴办公司发展事业；三是直接发展事业，根据所学专业知识，结合市场行情，入世后自己做老板办工厂或开公司，发展事业。

很多人一辈子是在干职业，即长期打工，这类人占社会大多数，一生都是工薪阶层。因此，人入世后心态要健康，目标要明确，定位要清楚，人生才不会入错行业，人生才过得有意义、有价值。

定好平台之后应如何往高级方向发展？这个问题是现在社会中人与人交往的一大问题，同时也关系人生会不会向前发展的关键问题。

选好事业或职业后，先后必须在所在平台上打好三个基础：一是能力与专业技术水平的基础；二是社会基础；三是人与人之间彼此的道德及诚信度的基础。

能力与专业技术水平的基础

能力与技术水平的高低是你能否扎根于现有社会平台的前提。一个人在社会，其能力主要包括自己的基本技能、智力、工作能力和社会的应变能力。如果你基本技能扎实，智能也好，在工作中也比较务实，热情肯干，再加上遇到社会中出现的一切问题，处理能力、应变能力好，处理问题合理，你才能站稳现在的平台。因此，能力与技术是一个人能否在现有平台站稳的条件和基础。

社会基础

社会基础是你在平台站稳后，人生事业能否向前发展的另一关键问题。社会层次、级别决定你人生事业的发展，社会关系越多，层次越高，你的事业发展就越快。但是拓展社会关系要靠你的技术水平，为人处世的人格、素质、心态，靠智慧和真心打动别人，使人家由对你有好感，发展到对你有心，个别对你尽心。人家对你有心，你对人真心，你的人生就有关系，有前途。所以发展和壮大你的社会关系，是你事业能否向前发展的关键。

人性的道德水平和社会的诚信度

走在社会任何一个平台，都要在平台站稳且在平台上得到发展，你的人格和道德水平及社会诚信度，是你人生能否向前发展的基础。纵观社会成功、成德之人，他们成功的秘诀都是“人理第一位，书理第二位”。所以你要获得成功，就一定要通达人理，做人一定要谦逊、大方、大气大量，要有胆识，做事一定不能停留在“尽责尽力”的境界，而是要升华到“尽心尽力”的境界。你做事做人一定受人感动，奋斗几年后，感动你的人越来越多，你社会诚信度越来越好，你的人脉人气越来越好。人脉好，运气就好，事业发展机会就多，你的事业就大有发展，你就一定能取得成功，所以人性的道德水平和诚信度是你人生事业发展的基础。

当你已在平台站稳，且事业取得一定的成功之后，如何使自己从一个平台发展到更高一级平台，是你人生或事业发展的一重大学问。

从人生立体层面的金字塔结构看，你站在那个平台，你只能在你所在的平台及你所在平台以下的地方拓展业务或事业，同时你能达到的社会平台越高，拓展的空间越大，积德越大，造福人越多，赚钱也就越容易，这与动物食物链级别一样，越高级动物食物越丰富是同一道理。所以人性从一个平台发展到高一级平台是人生发展的关键，对任何一个人来说，特别是成功者来说是非常必要的。

人生立体层次的发展，对任何人来说都非常必要，但要如何发展才能进入较高级的层面是本文探讨的主要问题。

人生做事要做到“知己知彼，百战不殆”。如果你想要进入高层次的社会层面，你必须知道，高层次的人现在最需要的是什么，然后投其所好，才能达到心灵上的共鸣，他才对你有好感，然后逐步发展到有意、有心、专心，个别到尽心的朋友关系，这样你将从一个平台被不知不觉地带上一个新的平台，并在新平台上拓展新的关系、新的空间，你事业就有新的前途、新的发展。

不同时空、不同历史条件的高层次的人的欲望是不同的，低层次的人满足欲望的条件也不同。在20世纪七八九十年代，由于中国社会物质条件差，所以不管高层次还是低层次之人，他们都需要物质欲望。但是到了现在（90年代中后期到跨进21世纪），中国社会的生活条件较好，物质条件也好，使现今社会高层次的人与低层次的人，以及人与人之间的欲望产生了差异。

低层次之人要提升到较低层次或中层次，应如何提高自我?

人要学会有自知之明，要知己知彼，方能达到事半功倍的效果。你要与上级之人打交道，你一定要在你现有的层次上，做人做事很出色或你的技术出众，才会得到上层次领导的欣赏，才会有机会接触到上层次领导；同时在未接触到上层领导的时候，要知道这中低层次之领导最需要什么，即最看中的是什么。中国现在的社会结构，低层次之人最需要的是物质，即金钱、房屋、车辆；中层次之人最需要的是满足物质欲望和性欲望，即金钱、房屋、车辆、美色及你的品性。因此，与底层或者中层次之人接触，特别是第一次与他们接触，你一定要根据他们内心所需的要求，尽量把你的技术水平或者你做事取得的业绩以及你做人的品性和个别有象征性的社会关系，在他们面前发挥出来，同时你也应尽量在他们面前展示出你是一个有物质基础之人，而且第一次接触不要顾虑此次接触要花多少钱，一定要展示出泰然大度的形象，要争取去埋单，你若能顺心或违心地做到这一点，你就能得到上一层领导们的认可，让他的心对你达到有意之友的起点，然后再通过交往或者合作，达到物性双赢，双方有利入手，你就从有意之友变成有心之友，或者专心之友，然后通过他的介绍，你一定逐步接触和结识他们层面之朋友，最后自然而然地在他们之层面上拓展业务，发展事业，这样你就从一个低层次之人跨越到较中层、中层次的社会台阶。

现今社会，高层次之人所在的社会群体，在人生三大欲望中，绝大多数人物质丰富，性欲望已经基本满足，他们所缺乏的是精神欲望。中国社会有精神欲望的人，一般综合素质高，人生境界也高。因此，高层次之人与更高层次之人交往，特别是第一次交往，你千万不要谈金钱、豪宅、名车、美女，而是要流露你的文化内涵、综合素质等，这样才能初步达到他内心的认可；接着你再通过和上层次之人交往，认识他们现在在精神欲望中所具有的基本水平，即道德水平、文化品位层次，对社会现实认识的程度以及对人生意义、人生价值理解的程度。此外还有宗教信仰类型和信仰程度及水平等，都要全面分析、选择他在这方面最感兴趣的是什么，在最感兴趣的方面最欠缺什么，然后有重点地切入，谈论有关方面的高层次的知识和世界观，特别是如果能以大道的层次，为他们讲述社会人生高层次精神领域的知识，他通过你的讲述之后，会感到非常开心、开悟，能豁然开朗，并能从新的层次、新的高度认识人生意义、人生价值，则你的品性、学识层次、心态就得以证明已经走入他的世界，他现在最迷惘、最缺乏的，你能使他得到满足、提升，你这时就成为他有心及专心之友，我相信通过这次接触，他对你已经达到“心服口服”，心已认可的境界，有的人会认为他心中要寻找的善知识境界之人，今已找到，这样你会成为他所尊重的善知识和良师益友。从此以后，他就会主动与你交往，你就会不知不觉地被他带上更高层次的平台，并在新的平台上拓展关系，发展事业，一段时间后，你就会成为更高层次平台上之人，这时你事业将更加发达成功，个别有觉悟者还能成大德。

人生在世，千万不能糊涂迷惘地过一世，而要珍惜百年人生，要在不同的层面上、不同的生活空间上去奋斗，去发展，在奋斗和发展中不断提高自我素质、自我价值，不断地跨越新层次，发展新的生活空间，尽量做一个有意义、有价值、积功累德的人，你的百年人生才不会白来一场，才没有什么遗憾，这样的人生才是大圆满的人生，快乐幸福的真正人生。

用立体人生观点论“人生贵在自知、自智、自悟、自慧”

从平面人生的角度来看，人生是公正、平等的，和谐的，没有什么级别和层次的。但是从立体人生的角度看，在意识领域，人的境界及智能的量级是千差万别的，这一差别也导致人生的价值、意义、追求差异很大。有的人活得十分低级，十分无价值；有的人活得十分高级，十分有意义。这人生价值与意义不是以金钱为标志，也不可用金钱去衡量，而是以人自身达到的境界及一生境界的发展和变化去定位。一句话，有的人一生活在自知的境界，有的人一生由自知发展提升到自智，的境界，极少数人由自智升华到自悟的境界，在自悟群体中，很少或微乎其微之人能从自悟提升到自慧的境界。因此，人要真正认识人生意义和价值，人生贵在如何正确认识自知、自智、自悟、自慧。

用立体人生纵观人类社会群体，你一定可以发现，自知之人多，自智之人少，自悟之人更少，自慧之人微乎其微。

一、自知者，贵在自智

自知之人，是社会成人之人，或说齐人之人。自知之人的“知”字由“矢”与“口”组成，意为一口咬定即为知。知也为感知，即通过感性认识方可知道，故自知者，做事做人感性，且感情用事，人生跟着大众走，书本

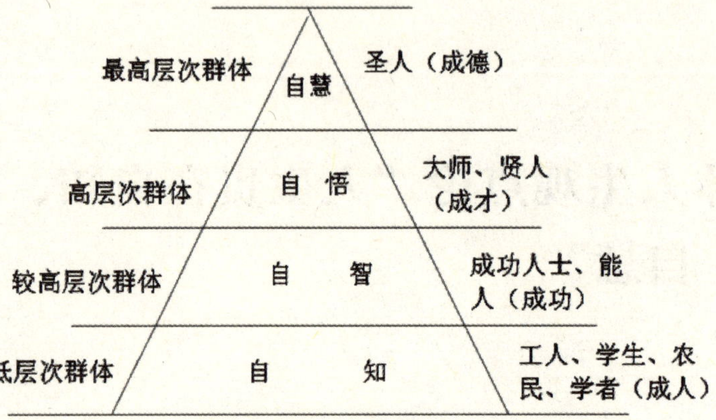

人生境界与社会人文的立体关系

知识及人生理论知识丰富，严重缺乏理性分析能力，从而在人生大道上，无法开创出自己的门路，一辈子跟着社会主流思想和主流事业走，这类人在人生价值和意义上是低级之人。但是在意识领域中，任何人都必须从这里开始，天生没有圣人、贤人及成功人士，任何一个人都必须从这齐人自知境界开始。所以这一层次之人，一般由工人、农民、学生、学者、基层干部组成，达到此自知层次之人，千万不能糊涂一辈子，自知之人要使人生过得有意义、有价值，人生想要成功，就必须以自知为基础，贵在自智。

二、自智者，贵在自悟

自智之人是由社会上的成功人士组成的，社会上任何一位成功者，都是靠自身所具有的智力把事业发展起来，才获得成功的。但这些自智之人都是以自知境界为基础，即自知境界上之人通过一定的社会实践活动之后逐步觉悟，在觉的过程中把感性知识升华为理性知识，从而掌握事物发展变化的道理，达到理性的为人处事境界，使事业得到发展而获得成功。这一过程就是自知之人转变成自智之人的过程。达到自智境界之人，做事明了，条理清晰，对前途、对事业发展心知肚明，投资发展思路清晰，且能初显超人一等的智能，做事效率高，成功概率大。人生由常人转变成为能人，事业发展由成人转变为成功，人生由较低层次的群体社会发展进入较高层次的群体社会。这类成功之人，千万不能骄傲自满，一定要明确人生追求目标和人生价值，到达此境界之人，一定要以自智为本，贵在自悟。

三、自悟者贵在自慧

自悟之人是在自智境界的个别觉者修炼发展变化而成的。自智者之中个别文化层面高、思维空间大、思考问题深刻、社会实践活动范围大层面广之人，分析解决问题能透过问题看本质，同时对各类问题能明辨是非。特别是思维问题能力能达到创造性思维和批判性思维境界之人，对古今经典名著及权威机构人物文章和论点，都能以理性为基础，通过感悟来发现问题的缺点，同时又针对存在的缺点进行不断的批判，在批判中发展，又在批判中悟出问题的本质，在批判中找到问题的大道，从而使问题得到创新和拓展。出现以大道为依据的新理论、新问题之人，就是自悟境界之人，也是大师级之人。这类人也是社会真正的贤人及成才之人，是在社会及人生中活得最有意义和最有价值之人，也是造福人类之人，是社会高级之人。这类境界之人，其人生发展道路必须以自悟为基础，其追求目标是贵在自慧。

四、自慧者贵在大道

自慧之人是社会上的圣人，是社会的大德，即成德之人。他是由个别自悟之真正大觉悟者修炼和修道达到明心见性，出现灵光一闪，进入灵性境界之人所组成。这类自慧境界之人，分析问题、思考问题往往是灵光一闪，慧从心来，大道之理油然而生，事物的本性显现，他所写的著作不生不灭，不随时空的变化而变化，达到大道永恒、大道不灭的层面。认识问题达到明大道境界。只有明大道的经典才不会受历史时空的淘汰，明大道的经典对学者来说，现在可用，将来也可用，大道永存人间。因此，境界能达到自慧的人是圣人，是成大德、成大道之人，也是真正的万世师表。

人生苦短，要有价值、有意义，就要明白贵在自知、自智、自悟、自慧的道理。在明白人生境界的发展变化的轨道后，任何人都要根据自己的实际，明白自我，准确地定位自己人生境界的层次和地位，明确努力的方向和目标，升华自己的人生境界，提高人生价值，在短苦的人生中，做一个真正有人生意义之人，为实现成功、成才、成德而努力。

如何把“糊涂”人生变成“清晰”智慧人生

纵观中国社会，无知境及知境之人多，也就是说感性之人多，理性之人较少，悟性智境之人更少，灵性慧境之人微乎其微。这样致使糊涂人生之人多，清晰智慧人生之人少，人生一辈子从生到死积分等于零或趋近于零之人多，人生过得无价值又无意义。

糊涂的人生是动物性的人生，是围绕着食物进行各种争夺、掠取、残暴及你死我活充满斗争的人生。动物化的人生也是围绕着性发生一系列斗争的人生。动物化的人生也是围绕其子孙后代的繁衍壮大，一辈子而拼生拼死的人生。透视中国社会，糊涂之人的确是动物化之人，一辈子像动物一样为完成以上三大目标而奋斗。为了生存，糊涂之人是从读书开始。父母培养子女读书，是为了长大在社会能找到高薪的工作，有了高薪的工作，自己生活及父母养老的问题才能解决，才能达到有所生和有所养。这样一个人步入社会后，几乎天天为钱去拼命工作，甚至有的挖空心思，无恶不作，不择手段，这样的人一辈子被钱所蒙，而变得糊涂，成为糊涂之人。

人生在世，长大之后有动物化的钱欲，同时存在的欲望是性欲望，人为达到性的欲望，也像动物一样经过你死我活的斗争或决斗获得性的平衡、性的满足，这样赚钱的目的一是为了生活，二是为了性。为了性，好多人骄奢淫逸，到处寻花问柳，这类人一辈子为生为死都是为了性，这样之人被性蒙住一辈子而成为性蒙糊涂之人。

动物化糊涂人生之人，成家立室之后，为了传宗接代，在对子孙培养和教育方面与动物一样，一切为了孩子，为了家，从“家”字剖析出上面一点，“、”为天，表示乾卦，即祖宗；“冖”是指房屋，“豕”即猪，引申为六畜。这样齐家动物化之人，赚钱的目的是为了孝敬拜祭祖宗，又要兴房屋，发展生产，增加收入，培养子孙，一辈子过得不自然、不开心。一辈子为了家，被家所蒙而糊涂，成为糊涂人生之人。这动物化糊涂人生之人，实质上是本性糊涂之人。

人之糊涂除了本性糊涂之外，还有社会环境及社会教育方面的糊涂。这主要是因为糊涂之人，其人生境界过分感性、无知，因无法明辨是非，看问题只看到好的结果，没有看到问题的阻力及发展变化中所出现的风险，致使其顺大流的思想严重，为人做事老是跟着人家走，看到人家炒楼发财后就跟着炒楼，看见人家炒股发财就跟着炒股，最后开本破财。

由此可知，糊涂的人生又苦又累，是不开心、不幸福、不快乐的人生，是愚蠢、下品、低级的人生。糊涂人生一辈子是为了钱而生，也为钱而死，为我而生，也为我而死，为家而生，也为家而死。糊涂的人生从佛学角度来说是亟需普度的人生，从基督教、天主教角度来说是需要关爱、改造、赎罪的人生。这些糊涂之人，要迈向开心、博爱、快乐、幸福，就必须认清人生本质。人生真谛是人时时刻刻都要不断地升华知识层面和人生境界，即把感性无知的知识通过社会实践升华为理性知境的水平，再由理性知境的水平通过自身对社会的感悟提高到悟性智境的境界。只有到达此境界，人才能认识事物本质，才能摆脱动物化的糊涂人生，通过明心见性认识人生，才能领悟到智慧人生的崇高伟大，才能真正体现人生价值，做一个清晰、开心、幸福之人，使人生从生到死的过程积分中有大道理、大智慧，从而真正回报社会，造福人类，让智慧之光永驻人间。

糊涂之人积分：

$$\int_{\text{生}}^{\text{死}} \varphi(x) = \text{钱} + \text{性} + \text{家} \cong \text{零}$$

智慧之人积分：

$$\int_{\text{生}}^{\text{死}} \varphi(x) = \text{智} + \text{慧} = \text{大功} + \text{大道} + \text{大德} \cong \infty$$

人生可能之三大遗憾：

一、一代希望一代，其结果很多是一代失望一代，人生必须从我做起，今生今世能成功，人生就能荣耀八代祖德。

二、百分之九十的人生是空来一趟的人生。

三、人生想得到的事，永远做不到。

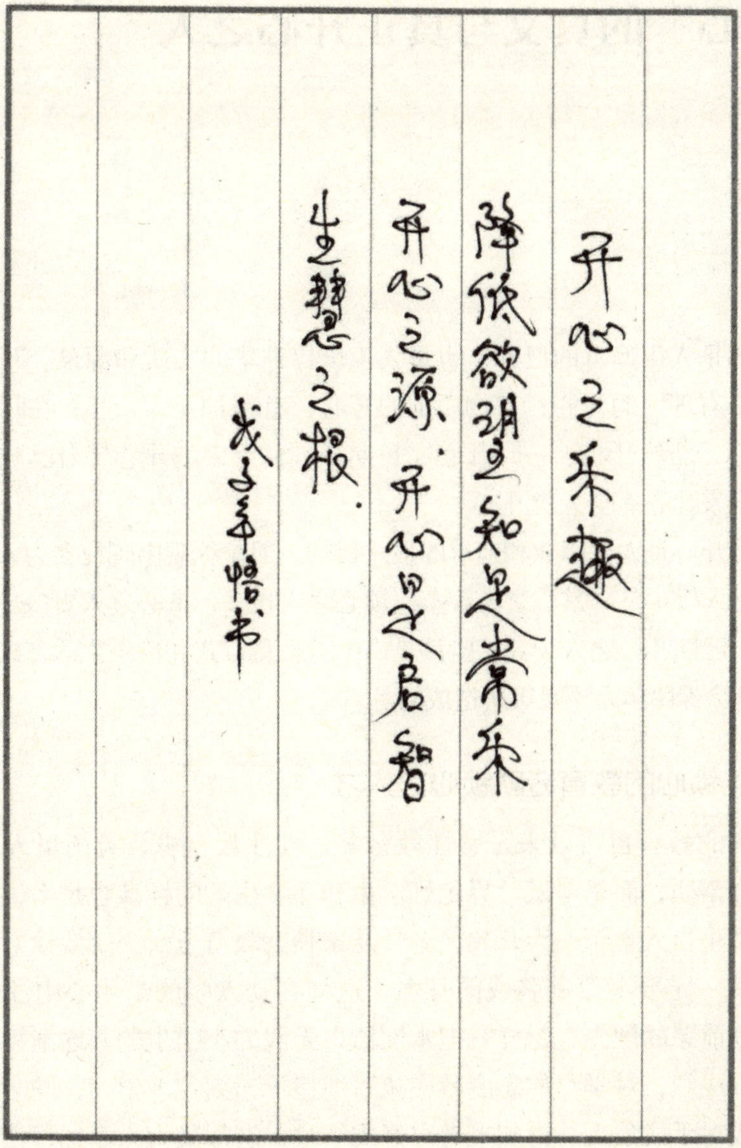

开心之乐趣

降低欲望知足常乐

开心之源。开心是启智

生慧之根。

戊子年悟书

“开心”的真义与真正开心之人

开心是人生追求的目标，也是人生境界升华的实质和源泉。开心有感性的开心，有理性的开心；有物质上的开心，有精神上的开心；在时空上，有短暂开心、豁然开心、一时开心、长期开心，有家庭开心、自己开心、家族开心、国家开心、全人类开心。

虽然开心是人生事业和追求的最终目的，但是纵观中国社会为人处事，真正开心之人极少，平常心之人较多，锁心之人也多，贪心之人更多。感性开心之人多，理性开心之人少。这些都是由中国教育方式和传统生活方式对欲望追求以及社会保障体系不足等所造成的。

一、锁心的教育造就锁心之人才

中国的教育自古以来是感性教育多，理性教育少，且衡量人才的标准不是综合素质，而是考试。界定好学生和坏学生的的标准也是考试成绩，这样造成学生自入学第一天开始，老师及家长就教育子女一定要读好书，考好试，考试一定要考第一名或前几名，这样在初入学的学生心中注入争当第一或名列前茅的理念，这样就把本性洁白无瑕的小学生的心逐渐锁住。因为要争考好成绩，对学习的态度就应执着地追求，刻苦地学习，同时又把个别同学看成对手或敌人，再加上考出好成绩时，老师又大力表扬，使学生更加执着，在这教学环境和社会以及家庭环境的长期逼迫下，大部分学生之心执着，这样使人心从小到大，逐渐锁住，且有越锁越紧的趋向。因此社会上锁心之人多。

心受锁，为人处世便会固执，自以为是。锁心之人为人小气，做事斤斤计较，对欲望的追求强，导致其在社会上没有真心的好朋友，在岗位上得不到领导或老板的重用。小气量之人眼光短浅，做事太实惠，自私自利，故成功的条件和机会极少，一辈子自恃怀才不遇，人生过得又苦又累又不开心。此类人只不过是凡夫俗子，其在社会上是成才不成功之人，在社会占大部分。因此锁心人才可能是现代中国教育的成果。

二、贪心之人与欲望

“人不为己，天诛地灭。”人为什么要为己？是因为要追求物质欲望。只有物质欲望得到实现，人生才能得到满足，自己和家庭生活才得到保障，人的精神欲望才能提高，人才能实现短期的开心。但是遗憾的是，人生在最基本的欲望实现后，很多人心就出现第二欲望或第三欲望，且对社会物质及地位的需要量越来越大，贪得无厌，更加锁心执着地追求功名利禄，在锁心的基础上出现贪婪之心。因此贪心之人对欲望的追求是无止境的，且欲望是复合的欲望、多层次的欲望，即功名利禄欲望。在实现过程中，有的不择手段，穷凶极恶，获得欲望是极不自然的，个别是伤天害地、损人利己的。这类人由于走极端主义道路，导致单极发展，人生坐标扭曲或者人生坐标偏移，个别严重者出现天诛地灭人亡的现象。

现今社会，人人都在追求欲望，人人都在实现自己的欲望，但是，你只要细心洞察社会，回顾思考社会上所认识的朋友，就一定会发现，至少有百分之八十以上的人较为贪心，但奋斗到老人生最基本的欲望都不能实现，这也是人生奋斗一辈子留下的最大遗憾，也是人生活一辈子最不开心和最无法上境界的根源，也是活得最没有价值的地方。因此，做人要心怀正气，降低欲望，知足常乐，不贪念、无贪心，做个实实在在、开心快乐、有觉悟有境界之人。

三、开心与开心之人生价值

中国人锁心之人多，贪心之人更多，开心之人太少。这是中国人状态的一大特征，也是中国千百年来未能改变的人文问题。

人要开心，一方面一定要在接受文化教育、社会教育及家庭教育的过程中，不能太过执着地追求，不能把心锁住；另一方面是在欲望追求的过程中，欲望不能太大，不要有贪婪之心。开心之人，胸怀开阔，做到“君子坦荡荡”，又要提高意识层面认识人和事的水平，心才能够装天下难装之事，容天下难容之人。不论小人如何中伤以及环境如何恶劣，都无所影响，心态平衡，做到风吹不动，其乐无穷。

在中国社会要做一个开心之人，一定要从小培养大气度的胸怀。读书为人处世，一定不能把心锁住。在对欲望的追求中，不要太执着地追求，要心怀正气，顺其自然。当人生最基本的欲望实现后，要知足常乐，敞开心扉，升华人生境界，对社会上的人和事都看破放下，弘扬正气，弘扬道德，指引人们开智向善，做一个真正开心，达到崇高境界之人。这样的人生才是真正开心之人生，也是活得有意义有价值的人生。同时当人生进入真正开心、崇高的境界的时候，所接触的人和事正道高尚，从而带来正道、正气高尚的运气和信息，这样更容易成功和成德。这也说明人到真正开心之时，人之身心健康和顺，活得有价值、有意义。

人生之“体”对“体验”“体量”的影响

人之体是一个立方体。很多人认为人生之体验要通过人到社会中去实践之后再由实践来检验，体量就是人的量度通过用同情心去原谅一些人的为人处事。这样认识和理解都是十分肤浅、片面的，从而致使到社会实践中体验、体量之人十分感性。因此，导致所有解决的问题都是表面上的问题，也可说所要解决问题都是一些燃眉之急的问题，根本上无法达到理性治本的目的。为使人们对人之“体”“体验”和“体量”能达到更深刻的认识和理解，特从立体的角度来对其进行剖析，与大家进行学习和分享。

人体之体，虽是立体，但立体的形状是不同的，这是人的心性、心态的不同所造成的。人体之体是立体，所以人体之体必定建立在三维空间内，即人体之体是建立在三轴的空间上，这三轴实质上是天轴、地轴、人轴，三轴交会的中心，就是人体之体的中心，这中心也是天心、地心、人心三心合一的地方。如果这体之心正，则为人做事行为堂正，即心正之人做事注重天地人平衡和谐发展，此时人体无形之体是正方体。如果为人做事的心态较正，做事的行为较注重天地、自然的相互关系，则这类人悟性之体是长方体；如果做事不管天地或做伤天害地之事，同时又在人轴或者说人道上存在掠夺式的经营，伤害民众利益，这类人的无形之体就十分不正，甚至无体，天轴、地轴消失，则天诛地灭，这类人是不成体统之人，必定事业破败，走向灭亡（如图）。

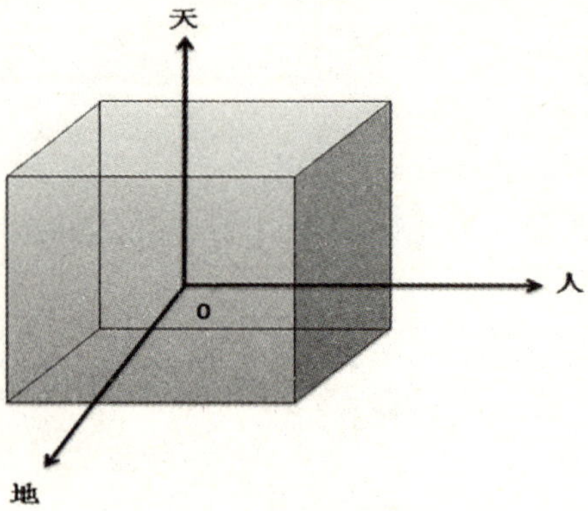

为人处事注重天地人平衡和谐发展之人

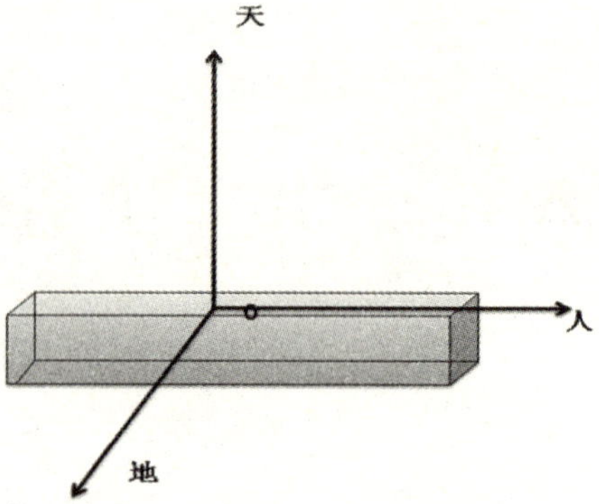

伤天害地、掠夺经营、伤害人民之人

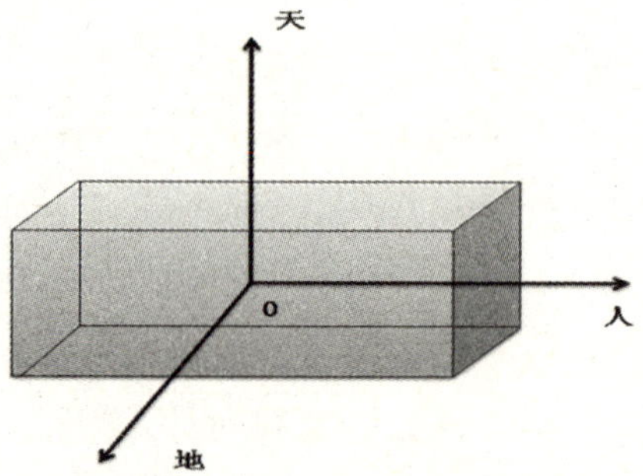

较注重天地，在人道上不断发展之人

因此，做人一定要正心正体，成体成统，要注重保存天地人的平衡可持续发展关系，这样之人才会成功成德。一个人如果不顾天地，甚至做一些伤天害地之事，其必定天诛地灭人亡。

人在认识了什么是无形之体之后，我相信大家对认识体验的水平、层次也就不同了。真正的体验生活之人，一定要体验于天，体验于地，体验于人，否则都是只到基本层面去体验人生之人，也就是说到目前为止，社会之人体验生活、体验人生者多，体验天地者少，体验人生之人感性，体验天地之人理性，体验天、地、人三极之人有悟性、有智慧，即智慧之人生。

体验人生之人，他的体验过程是将心比心的过程，对理念、思路、追求、环境、生活、公共设施等进行对比参照，力求在某个领域中达到互补，同时又在体验人生中找差距，鞭策自己。但是在人与人比的过程中，心中的杂念欲望、追求会发生深刻的变化，这一变化是在感触中产生的。故体验人生之人是感性的、自私的、表面化的。

体验天地之人，他体验的参照物是天或地，任何人与天或地相比都是显得十分渺小的。体验天的时候，由于天是崇高伟大、刚健不息的，所以你显得十分低贱、渺小，像一颗尘埃而已；当你与地比的时候，由于地是顺天应人、温顺谦恭、厚道的，你也显得十分粗鲁渺小，人根本没有伟大可言。故你通过体验，时时就会向天地之德性学习，深明天地之道。所以能体验天地之人是理性之人。

能体验天地人之人，基本上已懂天地人之道，为人做事十分注重天地人的平衡发展关系，其无形之体是个正方体，为人处世参赞天地，化育万物，是人生智慧的体现。因此能体验天地人之人是全德之人，也是智慧人生之人。

当你明白人体存在无形之体后，我相信体量的解释可谓不解自破。体量，顾名思义就是体的量度。由于不同之人体是不同的，因此，不同之人的量度也是不同的。心正体正大功大德之人，体的量度大。所以他的包容心大，特别是他的无形资产更大。故这类人为人处事达到“君子不计小人过”的境界。

一般人之体，受到复杂、势利的社会影响，故他的体一般是长方体，且长方体的长是逐渐向人轴拉长。故为人自私自利，体之量较小，包容人和事的量度小，斤斤计较。此类人如果没有回头是岸，拓宽体量，在天地间广施仁德，事业及人生就会走向失败而灭亡。

个别不顾天地，甚至做伤害天地之事，同时又在人道上掠夺民众之人，他无形之体基本上不存在，属不成体统之人。这类人无体无量，包容人的量度极小，一点小事都记在心头，属小气、刻薄、自私、计较之小人。由于不成体统，天轴已诛，地轴已亡，故他将走向天诛地灭人亡的地步。

因此，君子体量大，小人体量小。体量的大小对一个人成功成德关系十分重大，人在人道上发财致富，一定要在天地间广施仁德，才能在天、地、人三轴上拓宽体量，力争为三轴平衡健康发展，做个成功成德有大智慧之人。

悟 语

体正验深量大福报大

明辨“看重”与“尊重”及对社会人生的影响

“看重”与“尊重”是一对非常普通的词组，却在人与人交往中具有十分重要的意义。人与人交往情谊深浅基本上也可以从这两个词去衡量，去定位，去发展关系。“看重”与“尊重”虽然简单，但人们在认识人与人、事与事之间关系往往容易混淆在一起，特别是世上之人往往把“看重”误解为“尊重”，从而使人与人之间在交往过程中定错位，搞错发展的方向，导致浪费时间、钱财，浪费感情，招致失败。因此，为使人与人之间交往避免不必要的失误，就必须明辨“看重”与“尊重”的实意。

“看重”是人对人或人对事的思维及行为一种表面上的着重。在人与人、人与事的关系上达到看重的基本种类有：有利可图而看重；有技可用而看重；有关系可攀或有关系可救而看重；具有潜能可发挥、有前途、可利用而被看重。

“尊重”不是表面上的敬重，而是从人或事在道德、礼义上出自内心真诚的一种无限崇高的敬重。“尊重”之“尊”字，是天尊之尊，表示崇高伟大、自强不息的道德，即尊长，引申为长辈、父母、伟人、圣人、贤人，有德之士或者对事来说是社会行善积德的行业，德高望重的行业尊长。“尊重”出自真正人之内心，是在道德礼义的感召下对有德之人和事的一种真诚恭敬和钦佩，钦敬真诚的程度几乎达到五体投地。

简单地说，“看重”是出自人的表面，“尊重”是出自人的真心。这样用“看重”和“尊重”来定位社会人生，定位社会事物，就一定会发现社会上的人看重人和事的多，能达到尊重的人和事少。如果用这种观点来定位自己及朋友，被我看重的人和事多，被我尊重的人和事少。反过来，社会上的朋友看重我的人多，尊重我的人少。因此做人千万不要糊涂，要学会明辨是非，正确分辨出朋友圈中哪些属于看重我或我所看重的朋友，哪些尊重我或我所尊重的朋友；哪些行业是目前社会看重的行业，哪些是社会尊重的行业。做人一定要学会明辨“看重”和“尊重”的实质，并能用它去分辨人生事物，才能不会误入歧途，不被人利用。

“看重”和“尊重”是有本质区别，又有内在联系的。在一定的时期、一定的历史条件下，二者又可以相互转化，即在看重你或你所看重的朋友圈中，一部分人通过道德礼义交往的不断加深，特别是遇到人生或事业低潮时，其中一方出自道义真心帮助对方，使对方重新振作或获得成功，使对方对你的道德礼义从内心无限感激和钦敬，你这种原来是受朋友看重的人将变成被朋友尊重的人。被人尊重的人或事，如果心态膨胀，利字当头，在世人或朋友的心目中失去道德礼义，使其在世人或朋友心目中失去真心，则受尊重的人或事将变成被看重的人或事。例如：自古至今，教师一直是社会公认的受到尊重的职业，但现在由于受商品经济的冲击，一些教师对学生的教育也名利当头，图名图利，失去崇高的道德礼义。我在物质时代紧张时期当过老师，对当今老师的行为道德深有体会，我访问过社会很多民众及现任老师，他们都说现在教师好，其中90%以上的人认为现在教师工资很高，一年又有三个多月的假期，都是以利论职业好坏。过去的教师，既教书又育人，教之以理，育之以德。而现在教师教书育人少，使现在中国学生被外国人士认为“中国有教育，无教养”，这点我也深有体会。现在中国教师，配得起教书者多，配得起教师者少，所以目前中国教师由社会最尊重的职业，已经逐步过渡到教师是社会最看重的职业，真的有点悲哀。教育如此转化也致使学生如此转化。大学生过去是被社会尊重的人，现在也大多变成受社会看重的人。现今大学生进入社会各行各业，使社会各行业人员利字当头，也迫使社会受尊重行业越来越少，社会受看重的行业越来越多。

人生在世，为人处事一定要明辨“看重”和“尊重”的实质及其相互转化的关系，做人对人对事同心同德，弘扬道德礼义观念，真心实意为人做事，尽量做一个感激周边朋友同时被周边朋友感激的人，就一定能成为受他人尊重、感激的人。

论人生要认识“牛”的背影方为“丑”

现今社会是功利社会，功利心凸显的社会实质上是动物性占主导地位的社会。在动物性的社会里，代表性的动物是牛，使社会充满牛的品性色彩，如社会之小人到处吹牛，愚弄民众、领导；社会之君子一生为人，品性温顺，埋头苦干，一辈子做革命的老黄牛；社会上一些暴发户或者个别有权有势或者能依仗权势之人，对人对事牛气冲天，目空一切，实为疯牛；有的人修善修道，尊牛敬牛，一生不吃牛肉；有的人不敬牛不尊牛，为了自己身体，为了口福，经常杀牛食牛，这样使动物性的社会里的人们误认为为人越牛越好，其实他们都不知道“牛”的背影就是“丑”。

牛的本质是崇高的，要从大道上了解牛的品性本质，就必须从易学文化上了解牛是坤卦代表性动物，即坤卦为牛为母为女性，牛的品性就是坤的品性，坤为地为牛，其卦德为温顺、谦恭礼让、宽厚仁爱、厚德载物。合坤卦德性之牛，才是真正的牛，人生如牛者，一辈子任劳任怨，默默无闻，埋头苦干，一生为人，且为人谦恭礼让，宽厚仁爱，这就是真正革命老黄牛的品性，老黄牛、拓荒牛，这些具有灵性、一心为人的精神是真正之牛精神。

另一种牛是失去灵性之牛，即蠢牛和疯牛。蠢牛品性之人，无觉悟无智慧，为人自私，攀龙附凤，为人做事以图利为目的，到处说谎，吹牛皮过日子，骗人骗财，这种人是小人之人。所以社会上喜欢吹牛皮之人，往往是小人之人。疯牛品性之人，则依仗权势高，依仗钱财多，到处目空一切，自高自大，牛气冲天，欺压民众，为非作歹，到处打打斗斗，所到之处简直鸡犬不宁，这种品性之人是病牛或者斗牛之人。这类失去仁义本性，即失去仁义之人性之人，动物性行为强，仁义高级动物的本性弱或者个别全无人性。这类人表面虽是人，但实质就是牛一般的动物。牛这动物在十二生肖上属牛，但牛在地支上是丑。所以形是牛，影是丑，牛即丑，丑也即牛，故“牛”的背影就是“丑”。

人不能太牛，更不能到处吹牛、斗牛及牛气冲天。牛气冲天，到处斗牛、吹牛，这牛的动物性行为强之人，一定要记住“牛”的背影就是“丑”，吹牛者易出丑，斗牛、牛气冲天者易发灾难。人生在世，为人处世应发挥真正老黄牛的革命品德，温顺、谦恭礼让做人，厚德载物为人，一丝不苟，任劳任怨，埋头苦干做事，争当革命的老黄牛。

悟语

牛是丑，丑是牛

“牛”的背影就是“丑”

知丑就知耻

知耻就知觉

知觉能生智

有智万事安

家庭的三大轴心是家庭“和合”与“离散”的根源

现代的家庭，由于社会相对功利，人理不通，道德水平下降，仁义观点淡化，致使家庭结构、家庭欲望、家庭理念、家庭轴心等都发生了深刻的变化，使家庭成员在人理上、物质上、精神上产生了明显的差异。差异越大，家庭越不和谐，越不团结，分歧越来越多，使得现代破裂或离异的家庭明显增多，家庭暴力也增多。

中国家庭结构是由近代的大家庭、大家族结构向现代的小家庭转化，大家庭、大家族时代，社会物质资料缺乏，家庭成员的欲望较低，普通家庭能求得温饱就满足，大家庭或大家族之人，集体劳动，共同生活。因此家庭成员为家之心较大，私心相对较少，人虽穷但心很坦然安泰，杂念少，同时家庭成员又能得到大家庭或大家族文化熏陶，较讲仁义、道德，家人较为大气大量，对人的包容心大。所以家庭较为团结，家人较为和谐，破裂的家庭较少。在当时，破裂的家庭大多是严重违反道德伦理或仁义之情的人。

现代家庭的构成简单，现代人由于受到大家庭、大家族文化的教育较少，因而公心少，私心大，人与人的关系仁义之情少，功利的心重，且家庭欲望大，种类多，家庭中自以为是的人多，这样使小家庭夫妻之间在精神、物质和性方面差异大，使夫妻之间渐渐离心离德，最终导致离婚家庭增多。

家庭的和合与破裂，除社会原因之外，其内在的主要原因在于家庭内部，即在于家庭内部的轴心。

一个家庭要正常运转，每个家庭成员都必须对家庭的轴心具有向心力，但家庭要有向心力，家庭的轴心部分就必须使家庭成员得到满足或存在无限的希望，这样在彼此的相互吸引下，才能同心同德，这样的家庭方能和合，家庭才能圆满，家人才能幸福。如果家庭的轴心部分使家庭成员得不到满足或无希望，家庭成员与家庭轴心就没有向心力，而且渐渐出现离心力，这样家庭成员之间出现离心离德的观念，这家庭发展下去就一定会破裂。因此，家庭的轴心是家庭和合与破裂的根源。

什么是家庭之轴心呢？你和我一样都是成家立室之人，你只要静下心来，就会同我一样参悟到家庭的主要轴心有三大部分，一是夫妻感情，二是孩子，三是家庭生活和家庭环境。中国现代家庭的离与合都离不开这三种因素。

一、夫妻感情

中国现今社会，很多为人父母者，甚至个别因夫妻感情不和或不好的离婚者，有很多人都不懂什么是夫妻感情。

什么是感？我在前面已经专题解释其真义，“感”字为“咸”与“心”的组合，咸为易学六十四卦之一，即咸卦，上卦为泽，下卦为山，即为泽山咸，泽为金主义，为元情，即夫妻间要有情有义，山为艮为土，主信，即夫妻之间要以信为本，艮为山为文明、民主、自由，即夫妻间要文明、要民主、要自由。心在地，夫妻间要像地一样，心要温顺、谦恭礼让，人要厚德大量，心属火，火为元神，主礼，夫妻间要以礼相待。泽为少女，山为艮为少男，咸为少男配少女，阴阳相生，所以夫妻间物质、精神、性等都要彼此相知，达到这一要求才能真正有感。什么是情？大道之情为元情，属金主义，所以有义才有情。这样达到以上两者要求者才能算有感情。人生有三欲，欲望决定情感。其实，夫妻感情主要包括三个方面，即物质感情、性感情和精神感情。

1. 物质感情

物质感情是夫妻感情的基础，任何家庭、任何夫妻感情都是以物质为第一性的。物质感情主要是家庭物质资料方面的感情，一般包括家庭的房屋、土地、车辆、家具、六畜及家庭收入的钱和物品等。家庭要发展，夫妻之间物质感情要好，最基本的条件是家庭基本物质资料要具足。在家庭基本物质资料具足的基础上，家庭的物质资料要能逐年增加或升值，家庭才算有发展，家庭有发展，家庭成员就会感到这个家庭有生机，有希望，家庭成员对这个家庭才有感情。家庭有感情，家庭才有凝聚力，家人才会团结，家庭才会和合。相反，一个家庭如果连最基本的物质生活资料都没有或得不到满足，其成员就天天为衣食住行而奋斗，特别是为食而奋斗的家庭更麻烦，食都无法解决，更不用说家庭有物质资料，更不用说家庭物质资料逐年增加或升值，这样的家庭不会发展壮大其成员容易灰心丧志。家庭无生机，无希望，成员彼此之间的积怨逐日增加，家庭的向心力不断减弱或消退，家人之间离心离德。当家人离心力大于对家庭的向心力的时候，这个家庭就会破裂，最后离散。

夫妻之间的物质感情也如此。因为夫妻一般是家庭的支柱，家庭物质资料是否发展，主要看夫妻二人事业是否发展，即夫妻间事业的发展，对家庭发展起着决定性作用，同时对巩固和发展夫妻物质感情具有重要意义。

一个人如果要想丰富家庭物质生活和物质感情，一定要具备有钱、有势、有技术其中之一，但这三者归结到底都是直接或间接地转变为钱和物。一个人特别是成家立室之人，一天天打拼，其实都是为了钱。大家都知道，“有钱万事能，无钱万万不能”，一个人不管男女，不管是打工者或老板，不管是干事业还是干职业，你赚的钱或者存的钱会逐月或逐年增长，且夫妻之间赚的钱彼此都知道，甚至一些人能做到互通有无，共同分享。当夫妻间赚的钱增幅越大时，彼此双方越欣慰，家庭就越有希望，夫妻物质优越感越来越大，夫妻的物质感情越来越好，夫妻感激之情越来越和合，相反则离散。

当夫妻之间一方事业或职业发达，赚的钱或存的钱增幅较大，而另一方赚钱少或无职业，在家料理家务时，发达大财之方切忌高傲自大，特别是在赚钱少或没上班的一方面前不能自吹自擂，更不能看不起对方。如果在对方面前高傲自大或无情地打击、看不起对方，使对方的自尊心受打击，自卑感日益加深，积怨增大，当由怨转入恨的时候，不管钱财多少，这个家庭就会离散或破裂。这种离婚称为物质感情破裂的离婚。如果发财一方在不发达或无上班之方能低调和顺，同时又不断鼓励对方或感谢对方，在对方事业不顺时给予对方安慰和鼓励，使对方感觉你的成功是因为有他的支持，使得对方无自卑心，无怨恨心，那么对方对你更能死心塌地，相互依靠，相互扶持。如果对方是家庭妇女，则你要多感激她为你生育和培育子女，感谢她把家庭料理好，使自己在外做事能心安理得，无家庭后顾之忧，自己的成功有对方的一半功劳，使得对方不自卑。特别是你如果能逐月逐年满足或超过实现她内心的物质欲望，那么她对你更加感激，有的甚至从心上称你为大丈夫，永远归顺你。因为女人的天性就是要自己存钱，特别是私房钱，好的女人存私房钱是为家庭防后路，实为家庭保险金，坏的女人存私房钱是为自己防后路。如果你是大丈夫，那你千万不要去分辨她存私房钱的目的，同时如果她想月存一千，你有能力的话就一定要给她更多，千万不能低于她内心要求的准线。你要知道女人之心，当你达到她内心的准线要求，即满足时，她从形上认可感激你；如果你超过她内心的准线要求，她从心上死心塌地地感谢你；如果你没有达到她内心的准线要求，她心里会不断地埋怨你。所以对妻子，从物质上我们还是要大气大度，尽能力做个大丈夫，使妻子感到家庭、事业、生活有希望，这样之家才是和合之家，也是物质感情丰富之家。

对于女方比较发达而男方月收入不高、下岗或失业的家庭，千万不要学西洋文化，家庭物质生活千万不要实行“AA”制。在现今中国城市中，妻子地位高，经济收入好，丈夫有一定收入但低于妻子的，家庭实行“AA”制者多，这类人的做法有两种目的：一种是逼迫较低收入方去奋斗；另一种是高收入方过度自私自利，或者根本看不起低收入的一方。这种教育方式和生存方式太不自然，太扭曲人生，太无夫妻意义，这种家庭的离婚率最高，貌合神离，情散义尽，全无物质感情的婚姻基础，这类离婚事件往往出现在高学历、低素质的家庭和低学历低素质、无道德的家庭居多。夫妻间连钱都不可交融，先失于信，后失于义和情，无情无义无信之家是不长久的。因此，“AA”制的夫妻是形式性的夫妻，也是在物质感情上已经离婚的夫妻。

2. 性感情

性感情是夫妻之间感情的重要组成部分。性感情是夫妻感情之关键，主要包括夫妻间的性格感情和性爱感情两大方面。

什么是性？大道之性为元性，元性属木，主仁。所以性的本性是仁爱爱仁，即人爱爱人。夫妻之性也是人爱爱人，彼此相互联系，相互通融。“性”字由“心”与“生”组合而成，即性由心生。“心”在东方，为震，为男，为木，男的要有仁心，要有理也要有礼貌；“生”在西为兑，为金，为女，女要有情义有生育。因此，性要达到夫妻内心的意愿和目的，夫妻间要心性相通，才有性感情。

性格对一个人生活和事业起着发展和制约的作用。在某种意义上，性格决定个人命运。夫妻之间在举行婚礼之时，双方都有一个共同的心愿，彼此从今以后，都希望“心心相印，同心同德”。这实际上也是夫妻间性感情的一大愿望。既然能结为夫妻，就一定经历过情投意合，然后才进入心心相印的过程。但这过程，有的夫妻是长久的，有的是短暂的，这都应取决于夫妻间性格好坏和稳定的程度。

人的性格是可变的，本性是不变的，但为人处事是随时空及历史条件和社会层次、文化素养的变化而变化的，男女在谈情说爱，确定结婚对象之时，男女彼此对对方的性格特征、处事为人、行为基本上是合意的，彼此的理念、想法是一致的，这个过程才是夫妻间真正情投意合、心心相印的过程。结婚生子之后，由于夫妻间工作及社会层次、社会生活空间的变化而产生差异，特别是男方层次高，社会空间大，这样丈夫的理念、胆识及人生事业发展的方向产生了深刻的变化。如果丈夫的性格是高傲自大、目空一切、思想固执的，而妻子工作层次低或无业在家照顾家庭，且思想境界、认识水平仍在原来的水平，这样夫妻间认识水平、性格差异就会越来越大，夫妻间先由讨厌与彼此说话开始，发展到彼此埋怨，甚至产生彼此之恨，这样彼此之间性格落差太大，彼此之间离心离德，双方自然因性格不合而分离。家庭中易出现夫妻间性格差异而离散的情况主要有：

夫妻间一方性格开朗、豪放，另一方性格闭塞、固执、冷淡；

一方性格粗暴、冲动，另一方温和、优柔寡断；

一方性格大气、大方，另一方小气、计较；

一方性格内向、低调，另一方性格外向、高调；

一方性格胆大、虚荣，一方胆小、保守怕事、实在；

一方性格贪心、自私，一方只求安乐、满足、自在，注重公益；

一方通情达理，素质高尚，一方人性不通，人理不懂，素质低劣。

夫妻间不论哪一方层次高，讨论事情时层次高的一方只要能放低姿态，根据层次较低一方的性格和欲望与之沟通讨论，使彼此开心满意，这样夫妻才算性格相合，才能同心同德生活，家庭才能和合幸福。因此人的素质要高，层次要高，培养提高夫妻间的共同理念、共同性格，同时把性格特征培养成能上能下地为人处事，这样既能与社会之人和谐共处，又利于家庭团结，同时又利于自己人生事业的发展。

性爱，是夫妻生活的重要部分，不同的人性爱的欲望不同。纵观社会离婚人士，有很多人表面是因为性格不合导致的。其实社会上离婚之人，很多都是因性爱不合而离婚的。因此，性爱的方式、级别层次、性爱的艺术是现代家庭和合或离散的关键。

人是高级动物，这句话也意味着任何一个人具有动物的所有本性，特别是现今社会的文化教育，人的动物性行为更明显，加上现今社会严重缺乏性文化、性教育，使当代夫妻之间动物性的性爱行为和性爱艺术多。这个问题也使现今社会夫妻之间感受到性太单调，性得不到满足，性爱太无仁义，太无快感、激情。因此夫妻间出现性怀疑、性积怨、性愤恨，从而性感情淡泊或消失而离散。这种离婚就是性离婚或性出轨。

性爱对人来说，的确是一门高深的人性艺术和人性学问。古近代时期，由于社会物质生活条件差，人为了生活，整天工作繁忙，劳累过度，夫妻间的性要求低，没有性知识，性行为单调，性艺术几乎空白，几乎大多人一辈子都像动物一样只有传统的一式。随着社会的发展，社会物质生活水平不断提高，以及受电视、电影和西洋文化的影响，现代夫妻性观念、性级别、性艺术发生了深刻的变化，基本上实现了由单一性向多样性转变，同时性要求的层次也越来越高。社会上夫妻间性爱的层次基本上可分为两层。

（1）性传统

性传统是指夫妻间性爱太传统，即性艺术只不过像动物一样单调，性爱无激情，夫妻间太不满足，这种性爱不会打动对方的心。所以这种性爱只成为形交，夫妻间只不过是形式上的交配，由于形交使夫妻间太不满足，日久发展下去，由内心的不满发展到埋怨，再进一步发展为积怨，最后发展成恨，使家庭出现婚外恋、婚外情、外遇或红杏出墙，导致夫妻离婚，家庭破碎，这种性爱不合引起的离婚在社会上是最普遍、最常见的。

（2）性高潮

性高潮是夫妻性生活达到满足的重要表现，性满足的过程又是夫妻间性平衡的过程，社会上有百分之九十五以上的人认为这过程是夫妻性爱的最高级过程，其实对现今社会夫妻欲望而言还不是最高级过程。因为这过程是双方达到性满足、性平衡的过程，对夫妻来说仅是性满意过程，用100分来评估的话，只是得六七十分的过程，这过程的性爱实质上是形爱、心爱、性爱三者的交触，这性爱有快感，有激情。夫妻间不但无怨言，而且能达到性满足，即夫妻之情合心合意，夫妻间感情就和睦，彼此感激。家庭间、夫妻间感情和顺、团结，夫妻生活、家庭生活就能同心同德，家庭就能和合、幸福快乐。

3. 精神感情

现代社会，人的素质差异大，人生观、世界观也不一样，社会上绝大多数人只追求物质和性，很少人注重精神境界和精神感情。低层次之人仁义丧失，道德沦陷，动物性行为特征显著。因此，低层次、低素质之人离婚一般是物质离婚、性离婚较多，而高层次之人理性，物、性欲望小且易满足，夫妻之间的离婚，往往是在精神境界领域不同而产生差异上离婚，即精神感情不和而离婚比重大些。因此，较高层次家庭，如何升华人生，提高人生精神境界对家庭的和合与离散都具有重要的意义。

人的精神境界可分为四个阶段八个层次，四个阶段主要包括无知、知、智、慧。八个层次包括无知者求温饱，知者追求钱财，智者追求仁义，慧者追求道德；无知者求成人，知者求成才，智者求成功，慧者求成德。这是我个人的认识和理论，仅供读者参考，不可滥用。人的精神境界高低，不是根据学历和社会地位来分，而是根据精神水平的认识程度来分。不是学历高，精神境界就高，没有这说法。因此夫妻间要发展和培养精神感情，就必须正确认识彼此的精神境界的水平，如果夫妻间一个是精神境界较高的智者，而另一个是精神境界较低的知者，则智者做人注意仁义，特别是对人行仁。遇事行义，如用钱财捐献或施舍给穷人或灾民，而知者求钱财，过分注重钱财，拼生拼死就为了钱财，把钱财视为生命之外第一贵重的东西。智者捐钱财，简直是耗掉知者的心血，知者一定非常不满意，内心会埋怨。如果智者一而再地施舍钱财，则知者积久成恨，这样精神上会出现离心离德之差异，也会使家庭破裂或离婚。

像以上家庭，如果智者平时能对知者进行人生教育，教育其做人不要过度感性，结合社会实践，尽能力把其感性的人生升华为理性或准理性的人生，提高其对人生意义、人生价值的认识，并把其改造成知与智之间精神境界的人，同时智者做事时降低三分来与知者接轨，这样就能缩小彼此间精神境界上的差异，然后合乎事理地对外界行仁施义，这样彼此间都能接受，家庭积怨减少，家庭间、夫妻间相对稳定，家庭就能和合，家人就能幸福。

因此，一般家庭应注重精神感情的培养，就是必须对家人或夫妻经常进行人生教育，拓宽人生观、世界观，真正认识人生的意义和价值，加强家庭间、社会间精神文明建设，使家庭和谐发展，造福人类。

二、家庭的第二大轴心——孩子

不同的夫妻、不同的家庭、不同的宗族对孩子及子孙后代的期望和要求是不同的。由于受易文化及道文化的影响，也可以说受太极文化的影响，从古到今家庭对子孙后代的要求都是老太公模式的要求。社会为人之父母者，个个都想子孙满堂、人丁兴旺、长命富贵，做一世之祖。能实现这一愿望的人，就会被社会公认为最好命最成功的人。这样致使中国社会从古到今，一切为了孩子的观念和模式相当明显。所以，子女成为家庭希望，又是为人父母者的一大期望。因此，孩子也是家庭离合的一大轴心。

孩子是夫妻之间爱情的结晶，不孝有三，无后为大，家庭有没有孩子，孩子的先天及后天的教育好坏，孩子将来有没有希望，孩子将来有没有能力挑起和拓展家族的重担等，对家庭的和合与离散，对夫妻之间的感情影响等都具有很大的作用。

中国家庭受传统观念和传统模式的影响极深，为人父母者，人人都注重教育和培养孩子，长期以来成为社会的公共模式。但是如果你够觉醒，你也许和我一样会发现“中国人只会教育孩子，而不会教育自己”。中国人一代教育一代的模式，只要你细心思考，最终你会发现教育问题和弊病是：一代教育一代，一代希望一代，结果是一代失望过一代。你如果发觉了这一点，同时也会觉醒自己现在的头脑思维，做人、学识、智慧都比父辈、子辈强得多，同时又有这一片大好的社会形势和大把的社会机遇，你就必须从你做起，从现在做起，努力工作，争取成功、成德，我相信你现在若能做到，你就能荣耀八代祖德。作为一对有智慧的夫妻，千万不能把工作事业放下，不求进取，而去教育一个先天无智、后天无能的孩子，如果这样你就是空来一趟，荒废人生，同时又对不住历代祖宗。

孩子是要教育的，但教育要自然，要合情合理、合乎现实，教育孩子要教他学知识，又要教他学做人、学人理，孩子的确是家庭的轴心。但社会上有好多家庭由于孩子问题而使父母头痛伤心，其主要问题有：

1. 没有生育孩子

没有生育孩子的家庭属于不齐家的家庭，也是夫妻间缺少一根轴心的家庭。未生育主要由两种因素造成：一是夫妻双方都有生理缺陷而不育；二是夫妻一方有生理缺陷而不育。

属双方生理不育造成无子女的家庭，虽家无轴心，但双方都能面对现实，只要双方无怨且夫妻感情好，这样的家庭基本上还是和合的家庭。

如果夫妻一方会生育，一方不育，同时双方求子欲望强，那这个家一不小心便会因孩子问题而积怨成恨，夫妻感情破裂，家庭离散。像这样的家庭，最好是夫妻间多沟通，且双方尽早达成共识，尽早领养或收养一个孩子，家庭才比较圆满，家庭间、夫妻间才能较为和合。

2. 有孩子但孩子智能较差

夫妻生育了孩子，但孩子由于先天因素或后天原因，智能差，反应慢，学习成绩极为不好，父母意识到孩子长大后对家庭、对家族、对父母一点希望都没有，同时父母对孩子丧失希望，造成夫妻间彼此埋怨而离心，最后积怨成恨，离心离德，夫妻感情破裂而离异。

3. 有孩子，但孩子不读书，又不听话或被学校视为坏孩子

现今社会，不读书、忤逆的孩子在家往往被父母视为坏孩子，在学校被同学和老师视为坏学生。不读书、不听话甚至偷窃人家钱财的孩子，经过学校和家庭教育都屡教不改，使父母对这个孩子失去希望，也造成家庭破裂而离散的事或者迫使其父亲找二奶重生孩子之事屡见不鲜。但像这样的家庭离散实在太不应该，现今社会、学校、家庭三方面的教育太公式化了，培养子女成才的模式太低级。若培养子女有可能给你自由选择读书和到社会找工作，我相信有百分之九十五以上的家长或老师都会选择读书这条路，孩子从小学、初中、高中都读重点学校，大学读清华北大之类的重点大学，毕业后能考上海关、税务等好单位，当公务员。其实，当公务员有什么好处呢？工资高，待遇好且能分到政府房，同时又能当官，又有油水捞，这样就算成功成才吗？是不是社会的教育与成才的模式太低级，太无远见，人生太无意义？像这样的家庭应正视事实，千万不能被社会教育成才的公共模式同化而失去希望，使家庭破裂。要正确认识读书及上大学不是人生唯一出路，也不是衡量一个家庭对子女未来有无希望的唯一标准。说句心里话，现在大专、本科中不会读书的人还是很多的，现在不是人家的孩子会读书，不是现在的老师会教书，而是社会使人家的孩子会读书，使现在的老师会教书。现在上大学人数多，有百分之八九十以上的学生能考上大学。如果在20世纪80年代初，高考录取人数为百分之二三，我相信，人家的孩子不会读书，我家的孩子也不会读书，当时的老师也不太会教书了？所以我在这里告诫现今老师和家长，要正视、公平对待学生和子女，要认清这个道理，现在是读书时期，会读书的人应运而生，不会读书的人被视为异类，但如果是在兵荒马乱之时，会读书者或许是懦夫，相反，不会读书、好动者却可能成为将军、英雄。所以家长放松心态，正是未来孩子的希望，不读书本知识，你引导他学社会知识。社会是一所大学校，不论学历高低，不分官民人等，只要你能认真学习，好好实践和思考人生，你会天天进步。同时，引导孩子学人理，要正视社会人生，成功者都是人理第一，书理第二，理论知识能与社会知识达到平衡时，你才是老板，才能成功。像这样的家庭如果调整心

态，就能看见孩子未来的希望，这家庭就能够和合。

4. 有孩子，孩子既聪明又听话、懂事

孩子会读书又聪明、听话、懂事的家庭，父母对孩子的现在和未来都充满希望，在孩子这大轴心的吸引下，父母都是非常开心的，家庭是非常和合的。若夫妻有感情不和等问题，由于看到孩子的有限希望和无限感情，为了孩子，夫妻间有的虽离心，但还是在忍耐中和合下去。

因此，孩子对一个家庭、一对父母来说实在太重要。家庭的离散、和合的确与孩子的前途和希望息息相关，孩子的确是家庭和合或离散的一大轴心。

三、家庭生活与家庭环境

人生在世，其奋斗的目标或说人生的最终生活目标是提高生活质量和环境质量，一个家庭的和合与离散与家庭生活及家庭环境有关，家庭生活和家庭环境是家庭离合的一大轴心。

生活环境、生活质量对家庭影响很大，家庭的生活环境好，家庭卫生整洁，设施设计布局合理，次序井然有理，同时家庭室内环境优美，景观视野开阔，这都对家庭成员有一种无形的凝聚力，使家人进入家中心旷神怡、无比舒适，自然而然，家人或夫妻十分热爱自己的家园、家人、配偶、子女，又能加深夫妻间的感情，再加上合理地安排家庭生活，对加深夫妻感情，热爱家庭、热爱生活有十分重要的意义，它的好坏是家庭和合与离散的一大轴心。

一个家庭，如果居住的外部环境差，室内环境也十分杂乱又不卫生，对家人的心态将产生很大的负面影响。不好的心态也能影响到工作，使工作粗心、糊涂，决策问题错漏百出而失策破财，从而影响家人生活、夫妻感情。太乱的环境也会使夫妻间容易产生猜疑和积怨，怨久成恨，使家庭离散。十分杂乱的家庭，加上生活质量不高，对家人及夫妻间缺乏吸引力，同时生活与环境又与外面反差太大，也不利于家庭的团结和发展，不利于家人身心的健康。因此，家庭环境、生活的改善是家庭的一重大问题，是家庭离合的一大轴心。

因此，一个家庭、一个家族、一对夫妻之间要发展、壮大，一定要正确处理好夫妻之间的感情，包括正确处理好物质感情、性感情和精神感情，一定要正确教育孩子，提升家庭环境质量和生活质量，加强物质文明和精神文明建设，把家园建设成美丽、富饶、幸福、快乐的家园。

悟语

家庭和乐

感恩生爱

由怨生恨

家庭离散

第三章 人性的迷宫

论“体统”与“不成体统”之人的人生观

不管在任何社会、任何年代，人不外分为两类，一类是体统之人，一类是不成体统之人。

人生之体，有本体、家体、国体等，在体中之人属体统之人，在体之外之人为不成体统之人。体统有大体统、中体统、小体统。这里讲大体统。由此可见体统之人与不成体统之人是相对的，相互联系的，同时也是可以相互转化的。在这里我主要介绍本体及本体人生之人。

任何一个人从外形看都是三维立体的，构建这个三维立体的是三轴或三道，即天道、地道、人道。从外形看，人体是相同或相近的，但是从心态及人生发展变化来说，人体之体是千差万别的。人之初时，即人在天地间坐标轴是原点时，天、地、人的坐标都是零（即人之初，性本空），天地人是相对平衡的，这时人之心体为正方体，然后人生就往人轴（人道）运动，随着人的不断长大，人的心态发生了变化，有的人不管天地，从人道上不断窃取金钱，心态膨胀，使原来堂正之立方体变成长方体；有的人随着事业发展壮大，变得狂妄自大、目空一切，出现魔鬼心态，这时无天无地，人生扭曲，长方体越拉越长出现无体，即不成体统，此人就从体统之人变成不成体统之人。无天实为天诛，无地实为地灭，即不成体统之人就会天诛地灭，则事业必定破败，人生必定天诛地灭。

另一类人，虽然人生事业有所发展，但在发展过程中，比较尊重天地，尊重父母或者尊长，虽然人心之体由正方体发展成长方体，但由于有天有

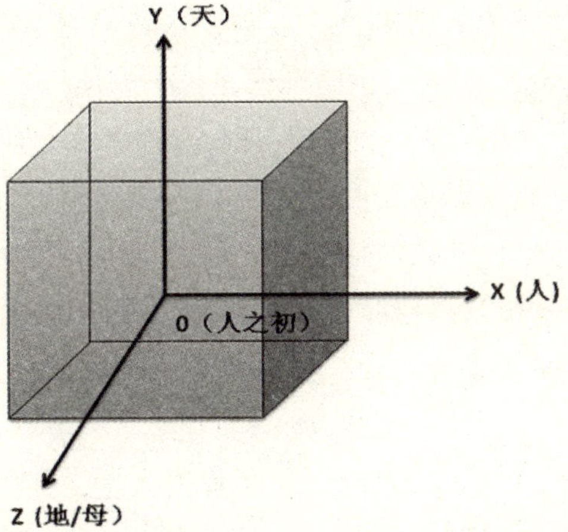

地，人生不会扭曲，人生之立体基本存在，这类人属体统之人。因此体统之人是事业比较平稳发展之人，他的事业及做人都是顺利的、成功的，特别是这类人如果有觉悟，有智慧，能做到从人轴上赚来的金钱及功德，捐献或者说投资天地，使原来略有偏差的长方体变成天、地、人相对平衡的立方体，从而达到心正体正，则人生不但成功而且成德，他的事业定能福泽绵长。

所以本体之人是体统之人还是不成体统之人全凭其心性、行为智慧来决定，成败、积功还是积德，都取决于他的本心。

从人的境界和为人处事的行为来看，社会上体统之人多，则社会安定平稳发展；如果不成体统之人多，则社会不安定，人民不安康。因此对一个人来说，一生的行为是体统之人还是不成体统之人，遗憾的是很多人连自己都不知道，我现在可明确告诉你，从你的本体及本性以及工作的单位团体来说，体统之人多；但从精神境界、人生意义和人生价值来说，体统之人太少。这个问题我用中国易学文化太极之道来剖析：易衍八卦，始于无极，无极生太极，太极生两仪，两仪化四象，四象生八卦，中国人之人生是太极之道的人生。这个原理在几何学上表现为点、线、面、体的过程，太极是点，两仪是线或者数轴，四象是面，八卦是立体。社会之人有的是点人生或点集人生，点是实点，做人讲实惠，自私自利，无远见，这类人生是不成体统人生；有的是线人生或者数轴人生，有正负，有原点、长度单位，有方向，此类人生懂得失，时时用长度单位衡量人和事，求功利都要得大于失才可为人做事，单一方向，使其为人做事直头直脑，一辈子为一件事干到底，这类人是有知无智之人，从人生意义、价值来说也是不成体统之人。

有一类人是平面人生之人，此类人在人道的平面上有X轴和Y轴，把平面分成四个象限，人们做人做事有两大思维，即纵向思维和横向思维。做事注重四个象限（即方方面面）的对应关系，此类人，如果做事做人会达到纵向与横向平衡，或者书本知识与社会知识达到平衡，往往事业会取得成功。这类人为人处世、做事做给人看，是有理智积功之人，但还是属不成体统之人。

有一类人为人处事是体的人生，也叫立体人生，此类人的本体是立体，他懂天地人之道，为人处世不但做给人看，更重要的是做给天地看，此类人有智慧、有道德，决不做伤天伤地误人之事，一辈子行善积德，这类人从人生价值和人生意义来说真正是体统之人，其人生是立体人生，也是最高级的人生。

因此，人生在世，必须明确自己的心态及行为处事、人生意义、人生价值、人生境界，特别是要明确自己在大道上是不成体统之人还是体统之人。如果是不成体统之人，则要提高境界，精进智慧，把自己改造成为体统正道积德之人。如果是体统之人，则要再接再厉，更好地提高自我，提高自身的道德水平，把自己改造成更高级之人。

悟语

不成体统，有功无德

体统智慧，功德无量

论“不三不四”之人的易学真义

“不三不四”之人，出处是《水浒传》中“这伙人不三不四，又不肯近前来，莫不要颠洒家”，后来人们把不像这又不像那，把不正派或不规范之人称为不三不四之人。但是用此方法进行释义是不合理的，一看就知不是“不三不四之人”的真义。真正的解释应追溯到易学上的卦爻和卦象，用卦爻和卦象进行释义，方能使人茅塞顿开。

《易经》之卦爻，每卦由六画组成，即六爻，而在《说卦》自下而上，初画为刚，二画表柔，三画表义，四画表仁，五画为阳，六画为阴。由于立天之道，曰阴与阳；立地之道，曰刚与柔；立人之道，曰仁与义。故在六爻，天人地三才之中，三、四爻为人，即代表正仁正义之人。因此正三正四之人，在卦中能以人为本，参照天地，堂堂正正，重仁重义是君子；而不三不四之人，心邪，假仁假义，作风不正派，行为不规范，做事为人都是小人之举。

从卦象或卦数上看，三之卦数属震卦，为长男，性属阳，而四之卦数属巽卦，为长女，性属阴。故正三正四之人卦为长男配长女，阴阳正配，双木成林，故生机勃勃，奋发上进，前程光明，一帆风顺，公正严明，有道德有仁义，是君子。而不三不四之人，卦象之组合，则有的相克，有的阴阳失衡，甚至有的达到孤阴、孤阳，但他们之中也有个别是阴阳正配，若未近配，则颇经周折而不顺。故不三不四之人，心量小，难成大器，单极发展，仁心义理缺乏，易产邪念，易做邪事，是坏人、小人，更甚者基本不为人。

因此，不三不四之人是不正派之人，其真义，只有易学之卦爻及卦数方能全面透彻进行解释，使人们全面贯通，也说明不三不四之人的真义不是出自《水浒传》，而是出自《易经》之卦爻、卦数，同时又说明中国的传统文化对中国的字、词都有深刻的影响。

从“借钱”看人性

中国社会是齐家的社会，要齐家就必须齐人，要齐人就必须衣食住行跟人家相近似。但衣食住行都离不开钱，学习、工作、生活都是为了钱，人与人之间的关系实质上是钱与钱，或者由钱转化为情与情、义与义、仁与仁之间的关系。钱是中国人高度追求的物质，大多数人一辈子都是为了钱。钱是富裕的标志，是富贵的前提，富贵是中国人追求的目标。钱是中国人心中最自私的货币物质，是最宝贵的人生法宝。因此人与人之间最不喜欢出现的字眼就是“借钱”。借钱简直就是挖人心痛的一件大事，是人与人交往真心反馈的心理反映。所以借钱是人生一大学问，借钱可看人生。

一、借钱与人生价值

人们最不懂的人是谁？其实就是自己。人与社会的关系，是以己为中心或者说是以我为参照物，来谈论世上其他的人和事。中国人最丑陋的地方是什么呢？可以说就是用自己的观点去规范世界，但他绝对没有这样想到，世界上如果像我一样是什么世界。因此人生在世过得十分糊涂，人生过分看重自己和抬高自己，特别是在人生价值上抬高的量级更加明显，人严重缺乏一种脚踏实地、量力而行的价值观念。人生浮夸价值太多，要量值人生真正价值，最基本的方法可以从向人借钱这一方式来体现。因此借钱是挖人心思的一件大事，多少可确认你在朋友和社会上的价值是多少。借钱是人生在世价值多少的一个强烈显示，借钱可看出你的人生价值。

任何人都要经历借钱，有的人向人借一万元，但对方一下子拿十万借他，同时还说如果不够，要多少可随便开口；有的人要同朋友借一万元，朋友借口很多，最后只拿一千元借给他或者有的人干脆说一千元送给他；有的人自认为在社会层次较高，但要与朋友借十万元，结果朋友一分不借，而他则破口大骂。为啥会出现以上情形呢？这主要是因为人生在世真正价值与自估的价值是不一样的。借不到钱的时候千万不能大骂朋友，而要静下来反思自己，改造自己，明确自己真正在朋友心中的价值，这才是真正改造人性的好办法。借钱反遭人送点小钱，是人生的最大羞辱，是人生全无价值的一种表现。此类之人要改造自我，检视自我，重新做人，才能提高价值，因此人生在世，借钱可衡量出你的人生价值。

二、借钱看人的诚信度

诚信是人生处世之本，人不诚则不精，人无信则不立。但是社会之人，从做人做事等很多方面可以确认人的诚信指数。在人与人的交往中，最基本确认诚信度的方法是什么呢？其实是借钱与还钱。能借到钱的额度和还钱的时间是人与人之间诚信度的一种标志。社会上很多人借钱给朋友，其实在相当程度上是看朋友的诚信度。

在人与人交往过程中，向朋友借钱，有的人所借到的钱比他所需要的额度大，有的人所借到的钱等于他所需要的额度，有的人借到的钱往往小于他所需要的额度，有的人根本借不到钱。这虽然与被借钱的人的承受能力和人格有关，更重要的是与借钱人在被借钱人心目中诚信度有直接关系，个人在社会诚信指数高，个人诚信又比被借钱人心目的诚信指数高之人，这类人向人借钱，往往能借到比他所需借钱额度高，个别甚至高出几倍。在朋友中，中规中矩之人，诚信一般之人，向人借钱，一般可以借到他所需的额度。诚信度及个人还贷能力较差之人，向人借钱，一般借不到他所需额度。在朋友心目中，诚信度全无之人，若无实物抵押是借不到钱的。

因此，人如果能剥开虚伪的外衣，从向朋友借钱就能在所借到的钱的额度上，看到你在社会、在朋友中诚信的程度。当你是个诚信度高之人要再接再厉，感恩朋友，对朋友之事更要尽心尽力。当你是个诚信度低微之人，你切不能怨天尤人，而是要检视自己，在做人做事上要重建形象，重树信心，提高个人在社会、在朋友中的诚信指数，做一个诚信处世之人，才能获得事业的成功。

三、借钱看人的社会层次

在法律上，人是平等的。但人在社会上所构建的物质、精神平台是不同的。正因平台的不同，而使社会上工作和生活在层次上产生差别，从而形成了无形金字塔形的等级。在这金字塔形的级差上，不同层次之人的生活、工作的空间是不同的，生活及做人做事的方式也不同。但从大体上看，同一层次之人只能从同一层次之人拓展事业或者拓展本层次以下的事业而取得果实，绝不能在比自己高层次的地方获得果实。因此一个人在社会物性的层面上，层面高低对人生发展具有很重要的作用。但是中国社会上的人，很多人由于做人现实，且做人点对点的方式往往使人的本性迷糊或丧失，使自己在社会层次的平台上往往无法定位，使生活、工作都十分迷惘，对这执迷不悟之人，如何定位自己，明白自己的社会平台，往往可以从借钱中体现出来，即借钱可看出人的社会层次。

借钱看人的社会层次主要可从两方面来体现，一是被借对象的等级，二是借钱额度的大小。

在被借对象中又可分为企业借钱和私人借钱。到银行借钱，大笔的借款往往是到总行借贷，中等款项借款往往到分行，小笔借款则到支行借贷或一般网店借贷。因此能在总行或者分行借到钱的人，一般社会层次较高；而在支行借到钱的人，社会层次相对低些。有的人由于没有物业抵押或无社会关系，根本在银行借不到钱，这些人的社会层次更低。在与私人借钱中，层次高的人不但能从层次高的人借到钱，又能从层次较低的人借到钱；而层次低的人，有可能借到层次低的人的钱，但一般借不到层次高的人的钱。因此借钱不能盲目，应先定位自己，然后定位他人，确认借钱对象。所以从借钱对象中可定位自己的社会层次。

借钱的额度，也可反映人的社会层次。一般来说，能借到大额度的钱的人，社会层次高些，只能借到低额度的钱的人，社会层次低些。高层次的人要借高额度的钱，一般要找高层次的人借钱，且一二个对象可以完成；低层次的人要借高额度的钱，切不可找高层次的人，包括亲人、好友在内借钱，向这些人不但借不到钱，反而会被他嘲笑，因而要把高额度的钱分成若干部分，变成若干份低额度的钱，然后定位自己的社会层次，向与自己同一社会层次或比你层次更低的人集资借钱，才能成功。因此借钱额度太小，应量力而行，在确认自己和他人社会层次后，可望成功。借钱的确可量出你的社会层次，也可量出你亲人、朋友、社会关系上的社会层次。

四、借钱看人心

人与人的关系，在物质上是利益关系，在精神上是心意关系。社会上之人由于感性者多，理性者少，悟性、灵性之人更少。感性之人往往重利不重义，理性者重义不重利。悟性者重功名，灵性者重德。由于感性者多，因此对人与人之间的关系分辨心不足，作为一个有理悟之人，纵观社会人士，人与人之间的关系实质上是心意关系。这心意即包括无心无意、无心有意、有心有意、有心无意、有心、专心、尽心7种关系，这7种关系不是一般人可分辨的，而是要达到一定境界或者遇到大事刺激下豁然开朗之后通过感悟得到的。但是对于境界较低之人，特别是分辨心全无之人，如何试探人心，其最好的方式是向人借钱。因为钱是中国人心中最自私的货币物质，借钱是挖人心痛、使人心动的一件大事，可以说，借钱可知人心。

因此借钱千万不能盲目，在和朋友借钱之前，一定要界定借钱对象在上面 7 种关系中属于哪种，然后根据借钱的额度确定借钱对象，要办大事，借大额度的钱，一定要找尽心的朋友，因为尽心朋友做事会尽心尽力。借中额度的钱，一般找有心或专心的朋友定可借到，因为有心或专心的朋友为人处事会尽责尽力。但千万不能找有意或尽心的朋友，因为向有意朋友借中额度的钱，情与心违，一般借不到钱反而受谴；而向尽心有能力的朋友借钱，虽能借到，但大材小用，丧失以后机会。借小笔额度或一般生活、零用钱，一般可向有意的朋友借钱。因为这种有意的朋友会拿一点心意去帮助你，但千万不能向无心无意的朋友借钱，也不能向有心以上的朋友借小钱，小事千万不要惊动好友。因此借钱要看人心，借钱又能知彼此之心。借钱知人心是人生大学问。

五、借钱看人的气度

不同的人，气度是不同的。一般情况下，心执的人气度小，心宽的人气度大。但在朋友交往中，有的人表面上显得很大气，特别是对一些较为风光的朋友，在交往的小细节上更显得大气。因此一个人的气度，应从彼此交往中特别是遇到困难时，从朋友金钱方面帮助的数额以及向朋友借钱所能借到的额度确认人的气度。同时，从朋友双方交往的过程中也可改变人的气度。

人的气度深受心量的影响，气度可决定命运、前途及功败。而借钱是挖及人性心量、欲望的一件大事，能借到钱的数量，是一个人心量的真实反映，也是人的气度大小的直接表现。中国人人生发展及资本积累的目的是使自己及家人能得到保障，即为自己及家人解决后顾之忧，实现人生最基本的物质欲望。因此，中国人往往对基本欲望、基本保障范围内的财物看得十分宝贵。有的人对超出基本欲望之外的财物看得无所谓，有的人不但对基本欲望的财物看得珍贵，而且对基本欲望外的财物也看得十分珍贵。但绝大多数人奋斗一辈子，连人生基本物质欲望都无法实现。因此，如果你与基本欲望无法实现的人借钱，且借钱的额度超过他储钱的额度时，往往借钱人不会感到满足或者没借到钱甚至误解他小气。如果你向基本欲望实现，视基本欲望以外的财物为无所谓的人借钱，若是真心朋友，往往借一万元，有时他可以借两万元给你，使你超载而归，这样的朋友是大气度的朋友。如果你向基本欲望达到、视基本物质欲望外的钱十分宝贵之人借钱，其结果最多是满载而归，或者失望而归，这类人是小气度、贪心之人。

此外，人的气度也受性格及家庭教育等影响。性格执着、金钱观念重的人，若向他借钱，他虽有钱但往往不肯借或者只借一些敷衍了事的小钱，这类人则是小气之人。

人的气度大小是受基本物质欲望实现程度影响的。境界、觉悟低的人，从借钱的过程及结果可看出人的气度；境界、觉悟高的人，借钱比较理性，借大钱应向大气度的朋友，借钱可测试对方的气度。因此，借钱可衡量朋友的气度。

六、借钱看用途

借钱看用途，也就是从用途中权衡风险利弊，这就是被借人中规中矩或银行最起码要考虑的问题。

借生活用钱，一般与日常交往中最熟悉同时又较为可靠、理解的朋友或亲人借钱，千万不要与陌生的朋友或层次较高的朋友或亲人借钱。因为他们对你缺乏一种同情和理解，所以如果向其借钱，反而容易被看不起。

借发展事业的钱，一般应向你最知心、尽心的朋友借或向银行借钱。因为知心的朋友看到你所借的钱从用途及发展事业方面上是有前途、有效益、有利润的，同时又权衡你有能力、有技术实现，再加上你的人格及诚信度等，他们愿意将钱借给你发展事业。需要借钱，但千万不要与金钱观念重的人借钱，因为他们对你缺乏真心和气度。

借还人债务的钱，应向被借的朋友陈述缘由。若是发展事业或资金周转方面的债务，一般向有能力、真心的朋友借钱，这样可达到目的；是非法不务正业（如赌债）的债务，与正道的朋友一般是借不到钱的，这类人应找赌友或地下钱庄借钱，方可达到目的（但高利贷可能使你倾家荡产）。

因此，与友人借钱应在诚信的基础上，阐明借钱的用途，同时又要根据不同的用途向不同层次、类型的朋友借钱，方可达到预期的目的。为人处世，千万不能盲目借钱。

七、借钱应互爱、互量

朋友之间，做人做事特别是在利益问题上都要互爱、互量，借钱也不例外。社会人生，有一些人向朋友借钱，当超载而归时，则朋友团结友爱，感恩戴德；当满载而归时，则朋友之间彼此相敬、和谐；当失望而返时，则朋友之间埋怨、责怪甚至怀恨。这都是由人的心态及道德水准的高低所决定的。中国人应建立互爱、互量，特别是在借钱上更应该建立爱己、爱人、自量和他量或者说量己、量人。社会上大多数中国人做人做事的最大缺点是只会量人不会量己，即以自我为中心，用自己来规范世人，规范社会，他没有想到，当社会像我一样将是什么社会。因此，人遇到挫折时应先量己，后量人，即检视自己，宽容他人，这样才是开心幸福之人。

因此与人借钱，应先量自己与朋友之间感情、功德、心意等层面深浅程度，再量自己借钱额度与对方承受能力。当对方对你从感情、功德、心意都无限感激，即对方现在对你印象好，心存感激，有真心存在，加上对方现有经济条件远远大于你所要借钱的额度时，你在这时空范围内与其借钱，一定能满载而归甚至超载而归。当离开以上条件，如果不量己量人，盲目与人借钱，你一定失望而归。当失望而归时，你如果是个较有道德之人，千万不可责怪朋友，而是要检点自己，另寻借钱之路。

要发展事业，借不到大钱悲哀，借不到小钱更悲哀。人生在世，糊涂之人多，不知道自己，不会定位自己的人更多。对糊涂、自信、执着之人，要检视自己的社会层次、人生价值及社会为人，往往通过向人借钱来检验，因为借钱可衡量人的社会层次、社会价值、社会关系、社会公德等，借钱是人生一大学问。一句话，借钱看人生，借钱能检视自己的人生。

“委曲求全”的易学与人性之道

“委曲求全”在易学与人性上可谓是一条经典道路，同时又是世上万事万物发展过程中都离不开的法则。世上万事万物的发展变化过程，大多数是通过曲意的迁就或追求，以求成事成仁。

在“委曲求全”中，曲成万物而不遗。世上万物，其本源是曲的，但曲的目的是为了全，即老子所说的“曲则全”。故“委曲求全”含有深奥的易学道理。

“委曲求全”在美学上由于“直则无姿，曲则有态”，即不论是人或者动植物，直者不感觉到美，只有曲者，才感觉到有美感。因此自古至今，奇花异石讨人喜欢，是因为其本身具有自然的曲线美。而人工的奇花异石制作，首先必须从曲开始，逐渐塑造曲线美的形态，其目的是为了全，即成全之美。

在人际交往中，特别是现今社会求人办事或做事，直则往往办不成事，而曲，即通过间接的关系或自己受辱来迎合主人的意愿，达到回心转意，改变认识，即以自己的德望去感动主人，也可达到成全的目的。

在教育子女上，一定要因材施教，循循善诱。如果你离开这个法则，如读书一定要考100分，考不到100分则破口大骂，甚至大打孩子，这样用直的方式教育子女，子女以后在社会遇到一点小困难或稍不被重用就无法承受，灰心丧志，直线下降，永不自拔，有的甚至自尽。如果你对子女从小进行曲意教育，如请身边的老师、朋友帮你教育或自己换另一种方式进行教育，这样的子女长大后心量大，能屈能伸，反而能获得成功。

在易学上，卦爻的形成不是直线，而是弧形曲线。因为卦爻的形成是实质立体的形成，即成体统。由于地球是球体，故相对于地球来说，地球表面物体都是有一定弧形曲线的，即三维球面物体。因此，世间成大事者，其人生坐标不是建立在一条直线上，而是建立在曲线上，最高级者是建立在曲线组成的三维球面体上，即三维球面人生。

因此，人在社会为人处事，直则难以成功，只有曲，才能成事成仁。但是人与人的交往，包括点与点的交往、点与线的交往、线与面的交往以及不同平台、不同层次的立体交往，都要从“曲”字开始。物质与精神的基础得到奠定后，才能进行心与心的沟通，才能成为挚友，互补双方时空上出现的欲望，从而实现双方目的。这也是委曲求全、成事成仁之道。

世交之道

礼义是之前提 仁爱是之基础

智信是之根本 势利是之目的

道德是之宗旨

丙戌年悟书

论“世交”辨“敌友”

现今社会人与人之间的交往，可谓是糊涂迷茫的交往，朋友之情惘然瞬时之情多，永恒之情少，出现这现象的主要原因是社会风气功利心太强以及人性糊涂、执着造成的。

现今社会人性执着、自私、小气，人们追求的物质欲望大，为人现实，造成人与人之间在交往界定关系上模糊不清，即世交准线糊涂混乱，从而导致人与人的关系出现敌友难分，致使在交往过程中很多人遭受诈骗，出现破产、失败。为了能更好地认识世上人与人之间交往的实质及准线，明辨敌友关系，特将世交进行分类，使你能更明理、感悟人生关系，进而达到明理做人，智慧处事，事业成功。

世交在主客形体关系上可分为内交和外交，内交指有一定血缘关系之情的交往，即骨肉情（血缘关系）、亲情、家族情等交往。外交是非血缘关系之人彼此之间的交往。人与人之交，按情意深浅来分可分为交情和交易。交情的世交是建立在人与人之间心与意深浅的基础上；交易的世交是建立在彼此之间以一定利益为目的的平等交换关系上。在人文社会上，人与人交往可分为势交、利交、义交、礼交、智交、信交、性交、道交、德交等。但在人文社会里，我们只有分清人与人交往的形式、目的、准线，才能分清朋友，才能更好地做到物以类聚，情随意合，才不会错交朋友，走上受骗上当、事业失败之路。因此研究弄清人文社会世交关系对现实社会、生活具有重要意义。

孔子曰："君子之交淡如水，小人之交甘若醴。"这说明君子之交集道德仁义为一体，小人之交是势利之交。但遗憾的是孔子未能指出平常人之交。而庄子曰："利相交，穷则散；义相交，穷则合。"遗憾的是对世交也未能细化，未能使平常人对世交更好地理解、明辨。由于现在社会分工精细，人生在世为人做事目的性单一。故今天我对现今人文社会人与人交往进行精心剖析，望广大民众觉悟，启智得益精进，造福人类。

势交，是上层群集交往的一种主要方式。势交，顾名思义，即势力之交。这里的势主要包含两种意思，即权势和气势。在物理学上都是场地反映，场强弱是靠势来反映的，同一等势面上的物体，场势相同；不同等势面物质场强是不同的。人与人之间基本势力也是如此。所以以势交友，一定要量力而行，当势力单薄时又要懂得如何造势，有气势才有势力，有势力才能有权力。有了一定气势或权势的人，才能进行势交。现今社会，只有进入势交之人才有希望进入上层社会，大家都知道人与人交往都是金字塔形交往，层次低者在塔底，层次高者在塔尖。势交在某个意义上决定你在社会经济、层次的地位，地位层次越高的人，赚钱及积功累德越容易。所以你想要获得成功，一定要懂得造势，造势不但要有一定的经济实力，还要具有一定高尚的素质、气量、胆量及超人一等的智慧，为人处世要具有以德感人、以法做人的德性等基本条件，方可进行逐步造势。这些条件也可说是进入势交的基本条件。造势之后，又要如何因势利导也是一门功夫。只有懂得因势利导，顺势而入，逐步提升，顺势而上，同时结合势者心理需求，做到投其所好，才能达到物以类聚，才能交上上层势交之友，才能进入成功之道。因此，如果事业想要做大，社会层次、地位要不断抬升，就必须在现有朋友圈中分辨出几个属势交之友，然后再在势交之友中分清是君子势交还是小人势交，择君子弃小人，然后通过造势攀升，尽力而为，定能成功。

利交是指人与人之间以利为目的所进行的交往。利交包含两层意思：一个是以图利为目的的交往，称为得利之交；一个是以利用为目的的交往，称为得益之交。利交有平面之交，也有立体之交。同一经济平面或地位的生产和经营活动彼此获得一定利润的交往为平面利交，如同一平台生意人或合作伙伴之间的交往就属平面利交；不同经济平台之间的经营活动彼此获得利润的交往是立体利交。利交有小人与小人之交、小人与平常人之交、小人与君子之交、常人与君子之交、君子与君子之交，其交往都是以图利为目的。但所图之利性质不一样，小人与小人之交的图利大多是损公损德之利，常人与君子之交所图之利大多是合情合理、心甘情愿之功利，君子与君子之交所图的是积功累德之利。利交的另一侧面，也是人们容易忘记的一面，是利用之交往，即得益之交，就是彼此交往过程中不存在现利问题，而是彼此有技术、有能力，能为我所需而服务于我，或为我朋友所服务而得利的交往，也属利交。利交之友，有意者多，有心者少，是时空之友，不是永恒之友。

仁交，“仁”字是中国文化的重点字眼，孔子儒家之学是仁学，但“仁”字在中国文化或儒家文化提及甚多，但什么是真正之“仁”解释甚少，解释模糊者甚多，好多是在人道或小道上解释。做人做事感悟事物都要从大道入手，大道是公理，是永远成立、千古不易的，小道是推论，推论在数学上要通过证明之后才能确定是否成立。何为大道？天地之道，宇宙之道是大道。仁者爱人，仁者寿，仁者乐山等，我的理解都是小道，仁的大道是仁与天地准，从“仁”字的结构看，你如果悟通易学之道，“仁”字上面一横为天，为尊，为父，为刚健不息的卦德，表示仁者爱天、爱长辈、爱父，仁者刚健不息；下面一横为地，为母，为谦恭礼让、厚德载物，中间之人为人道，仁义之道。所以仁者不但爱人，还爱天、爱地、爱尊长、爱父母，仁者刚健不息、温顺、谦恭礼让、厚德载物。仁者简单说爱天、爱地、爱人、爱万物。所以仁交之友极少，天地间配得以上标准者，只有圣贤之交，以及佛门大德及大智慧者之交。所以仁交崇高永固，仁友伟大永恒。

义交，墨子曰：“万事莫贵于义。”什么叫作“义”呢？义就是正义、正当。有义之人必定“其言必信，其行必果，已诺必诚，不爱其躯，赴士之厄困”。古今中外，成人成事成功者，不论做任何事情都是“义”字当头。义又可分为大义、中义、小义。大义有利于天地，有利于人类，有利于国家；中义有利于某个集团或阶层；小义有利于自己的亲朋好友。因此，义友是社会人世交的基础，是社会交往中最普遍的形式。社会人与人的交往，普遍以义交往。义交可分为大义交、中义交、小义交。而交往程度可分为心交、意交。心交又分为有心交、专心交、尽心交；意交分为有意交、无意交，综合来说，义交交情程度深浅可用以上“三心二意”来衡量。为人类为国家事业而舍生取义之交属大义交。如荆轲刺秦王，荆轲为国家不顾生死，不图回报，慷慨就义就是大义。三国刘关张桃园三结义为小义，他们之交为小义交，“士为知己者死”“路见不平，拔刀相助”的行为都属小义。但在义交之中，能舍生取义者，都是尽心或专心之友；千里送鹅毛者，虽情深义重，但只不过是有心之交。一般小义之交都属有意之交，酒肉兄弟之交是小义无意之交。因此交义友一定要对朋友情义进行分析，一定要明辨实质，遇到大问题一定要找尽心或专心义交之友来帮助或解决。一般问题找有心之友，遇到小问题尽量自己解决或找有意之友解决，千万不要找尽心或有心之友解决。因为对义交之友层面界定不是永恒不变的，而是由本人为人处事之心态、方法、德性决定的。本人为人处事心态或方法或道德水准发生变化，不同层面上义交之友的性质行为也会发生变化，即有意之义交有时可变为有心之义交，尽心的义友又会慢慢变成有心或降到有意之义友。所以为人处事一定要树正气、存正义，不断升华自己为人处事的真正义理，凡事以义当头，愿社会义交之友遍布天下，使社会文化和谐健康发展。

礼交，礼交之礼，主要包括礼貌、礼节、礼仪、礼物。礼交是世交的主要骨干，在世交过程中起着穿针引线、加固提升的作用。世上交朋取友，从开端到发展以及结果，任何一个环节都离不开礼交。礼交是世上交朋友的梭子。

交朋取友的任何环节、任何性质，都需要通过礼交来选择、发展、加固、提升。在交朋取友的开端，往往是通过观察对方的礼貌、礼仪、礼节来选择确认合心意之友，这合心意的初交朋友一定会以礼相待，包括礼仪及礼物的交往来进一步发展和巩固彼此之间的情谊，然后通过不断加固和提升朋友之间的感情及朋友关系之量级，把意友转变为心友中的有心友，再把有心友发展提升为专心友或尽心友。

由此可见，礼交在世俗社会交朋取友的过程中起着关键的作用。

智交，即智慧之交，世上交往不能糊涂而交，糊涂之交往往所交朋友“近墨者黑”多。如果懂得以智及择智交友，则所结交之朋友必定能达到“近朱者赤”的目的。

智交即以智交友，以智择友。智包括智慧及人的理念、人生的境界等。“智”字在易学上为知在上，即知在天，叫天知；日在下，即日在地，日为明，即地明，所以智者为天知地明。

在朋友圈中，智者择友不是看利、看势、看礼，而是看对方的智，即以智择友。智者所择之友，现在如何，未来如何，结局如何，全部过程可谓天知地明、清清楚楚。智者择友一定彼此间智力相近，慧根相仿，才能智有所悟，道有所谋。所以，智友不能多得，智友对提高人生境界，启迪人生智慧发挥着重要作用，智者为师，智友也往往是人生中的良师益友。

信交是交朋取友的前提，这里的信应包括两方面的意思，一是诚信及信用，二是信念。大家知道“人无信则不立”，人与人之间的关系，诚信与信用是前提。信不是建立在人之意上，而是建立在人与人彼此之间的心上，人如果失信或无信，彼此之间就十分伤心或无心，彼此之间的友情就无法建立，无法巩固和发展，就构不成朋友。所以说“人无信不交”。

信念也是交友的一个前提条件，这个往往被人疏忽。由于不同的人信念是不同的，信念不同会导致人生追求的方向、境界不同。而不同的欲望、不同的境界也导致人与人之间的道德水平及为人处世的行为都不同。所以结交朋友一定要选择彼此之间信念相同或相近的人。只有选择信念相同或相近之人交友，才能在交友的过程中彼此为人处事比较接近，双方的言行举止才能达到对方的心理需求，使彼此在交往过程中感到快乐，友情才会健康平稳发展，甚至可达到友谊长久。由此可见，信交是结交朋友的前提，同时在朋友友情发展过程中起到极其重要的作用。

性交主要是性格之交，次要的一方面还有点性爱平衡之交。俗话说“适性者同居”，在这里也可以理解成“适性者同交”。人的性格好坏对人生发展顺利与否起着关键作用。人生在世，性格在某个意义上决定命运，性格好的人为人处事光明正大，仁正仁德，做事尽心尽力，大气大量，到处深受朋友所感动，人气高，人脉旺，运气好，成功指数大。因此能结交好性格的朋友，不但能改变自己的性格，又能改变自己不良的为人处事观念，进而改变自己不同的人气和人脉，从而也能改变自己的社会层次及人生命运。这也是“物以类聚、近朱者赤”效应的结果。

以性格和性情交友，最基本的条件首先是要明白自己是什么性格及性情，自己的性格及性情的优点是什么，缺点是什么，改正缺点靠什么，最终要把自己塑造成具有什么性格特征之人。在明白自己性格的前提下，也要细致地思考对方是什么性格之人，对方的性格能否与我相近，性相近者彼此交往就比较和谐，当彼此达到心交的时候，当友情交往遇到大事时，彼此友情会达到共鸣，这样的朋友是尽心的性友，这样的友谊就能天长地久。

在文明社会，男女之间的友情除了性格相近之友外，有的还存在性平衡、性满足之交往。性是社会人生重要的一部分，人生三欲，性是其中重要的一部分，特别是现在的社会是性比较开放又比较健康发展的社会，人生性不平衡或性不满足，或性贪婪的人很多。因此男女之交，性友之成分一般较多。在性友之中，有的是性平衡之友，有的是性满足之友，有的是性诱惑或性掠夺之友。因此性交是世交的重要部分，对实现人生性欲望具有重要作用。

道交，道有小道、中道、大道，道交之友称为道友。同一行业之友都可称为道友，即同事之友。俗话说："道不同，不相为谋。"只有同道，才能知道、论道、明道。同事之间由于职业相同，专业相同或相近，同一工作的过程和工作方法有共同的感受、共同的看法、共同的志向和意愿，在工作中建立成同心同德之友，这样之交称为道交，这样之友称为道友。事业小的是小道友，事业大者称大道友。在目前中国社会，道友一般都被认为是研究天地之道或宇宙之道的朋友，即大道之友。道友对人生事业的发展和人生境界的提高具有十分重要的意义。

德交，即以德交往，也是人生最高尚、最伟大的交往。人生在世，由于不明道，不明功德，有的把为道错认为是为德，有的把积功也错认为积德。这都是世人对德的理解不深不明所造成的。纵观社会人生，论小道者多，做小道之事者多，明大道做大道之事者少，积功者多，积德、明德、立德者少。何为德？平等是德，心体离念是德，应用无染是德。简单地说，做人做事，无求无念就是德，但天下为人处事有多少人无求无念呢？能达到无求无念的人一定是明功德之人，明功德之人也是明大道之人，这些人是伟大、高尚之人，所以德交之友彼此都是崇高伟大之友，德友是人生最高境界之友。

世上交往，仁交、义交是前提，智交、信交是根本，利交、势交是目的，道交、德交是宗旨，礼交是穿透世交各环节可持续发展的梭子。仁义之友成仁，礼智信之交成才，势力之人成功，道德之交成德。

用立体人生观点论大人、常人与小人

看人、识人、论人、用人的观点是多种多样的，做人的观念、行为、路线也是多种多样的。有的人做人做给人看，有的做给天地看；有的人做小人，有的人做常人，有的人做大人。但是在世上之人类群体中，哪些是大人，哪些是常人，哪些是小人难以分辨，其主要原因是人的文化底蕴低，思维问题的层次级别不高，真正要分辨的话，不能用点思维方式或线思维去分辨，而要用立体思维及天地之道才得以真正分辨。

由于人与人之间的学识、教养、智能、境界、欲望、行为、理念等方面的不同，所以人类生活的层次、级别就产生差异，这差异使人类群体在立体三维空间上无形构建了人类的立体群落，而这个立体群落中存在着三个不同层面的群体。

一、中间的群体，为人做事中规中矩，即做人做事以社会合情合理中庸的准线为标准，也即做人做事都持平常心态。这一层次之人称为常人。常人在社会主体层面上占据空间最大，人数最多，这类人的智能量级是介于感性与理性之间，为人做事彼此之间平等互补，做事有功无德及无怨，即常人与常人之间做事有功无过，但是常人对上之大人有感恩之心，而对下之小人有怨恨之情。这也是常人所处层面地位之特点。

二、中间面下界之群体，即下层之人，这类人做事在平常心准线下方，做事做人严重偏离社会中正之准线。因此这个层面之人做事、做人的特点是偷工减料、弄虚作假、贪心自私、斤斤计较、无中生有、损公损德。做人做事严重偏离社会常人之准线，深受广大人民群众的责怨，同人民大众的关系是离心离德，人生智能量级在无智与感性之间，自作聪明，反而伤害自己，他的人生无功无德，最后注定走向消亡，这类人就是真正的小人。

三、在中间层面以上之人，即上层之人。其为人做事远远超越社会平常人准线之上，做事做人任劳任怨，尽心尽力，从不计较个人得失，光明正大，正气浩然，深受广大人民群众的尊敬、爱护，与广大人民群众同心同德，在人生发展道路上处处积功累德，为智慧人生，为人处事是常人、小人的楷模，同时他们能参赞天地之道，化育万物，人生价值高，人生意义大，这类人就是真正的大人。

如果从天、地、人三者立体人生的观点看，大人、常人与小人的分辨不同。因为要从天、地、人的观点论人生，这必须从中国的《易经》中的易卦爻线论证。《易经》中的易卦，每一卦都是由六爻组成，一、二爻代表地，表示刚柔温顺；三、四爻代表人，表示仁义，即仁义是做人之本；五、六爻代表天，表示阴阳以及刚健不息。从易卦之立体看人生，因为仁义是为人之本，故具有仁义爱人之人是中间人即平常人；具有不仁不义之人，在易经卦上缺三、四爻，即“不三不四”之人就是小人；而具有仁义又能温顺、谦恭礼让、厚德载物，能刚健自强不息地奋进，做事注重天、地、人的平衡关系，积功累德，易卦六爻大德之义俱全，卦体完整之人是大人，也就是全德之伟大崇高之人。

因此人生在世，应明辨大人、小人和常人的为人处事行为，同时也要检视自己是属于哪个范畴，要鞭策自己，感恩社会，为把自己的人生转变成大人的人生而努力，是人生最艰巨、最有意义的一项任务。

用易学与立体人生观点浅析善与恶

善与恶是道德观念和现象的两个对立面，人不外有三类，即善人、不善不恶之人、恶人。什么是善，什么是恶，也是社会一个无法回答清楚的问题。其真义是什么，也是我们研究的课题。

善与恶的问题，是人们必须弄清的重要问题。弄清楚它的真义，对社会之人行善除恶意义重大。

“善”字从结构上看属上中下结构，上为天道表阴阳，中为人道表仁义，下为地道表刚柔。“善”字上为“羊”字，羊为兑卦，方位居西属金，金为元情，为义。上为天，为长，为父，为崇高伟大、自强不息。所以“善”字上部表示善者崇高伟大、自强不息，对天地人万物都是情深义重，对天地万物无杀生、杀觉、杀灵，即善者无残害生灵。中间为“䒑”，属木，木益人，属仁，仁者爱人，中间为人道主仁义。所以善者仁爱，大仁大义。下部为“口”，为地道，即一口温顺、谦恭礼让、厚德载物，善者刚柔相济。口为兑，为金，为情义。所以善者对地也大仁大义，情义深长，处处感恩。由此可知什么是善：

崇高伟大，自强不息
情深义重，大仁大义
谦恭仁爱，无害生灵
刚柔相济，厚德载物
与人同心，天地同德

从“善”字结构上可知，善者以仁义为本，天地为大。因此，行善可以积德，修善也可以积德。

“恶”字从结构上分析是上下结构，不是成体文字，即不成体统，中间缺失，中为人道，故恶者，惨无人道。中为仁义，为三、四爻，即“恶”字无三、四爻，故恶者无仁无义，不三不四，是魔鬼。“恶”字上部为“亚”，“亚”字为次之意，对天次之，对乾次之，对父次之，对尊长次之，对法律次之。所以恶者目无尊长，无法无天。“恶”字下部为“心”，即心在地，地为坤，为母，为女人，为温顺，恶者对母、对女有温顺一面。因此恶者必须觉醒，必须提高自我，恶者可以放下屠刀，立地成佛。“恶”字缺中道，即缺深情大义。所以恶者不但杀生，而且杀灵。灵是灵性动物，即十恶不赦，残害生灵，处处结怨而失德，与社会群体的关系是离心离德。所以行恶者损德。由此可见什么是恶：

目无尊长，无法无天
不成体统，惨无人道
无仁无义，残害生灵
不三不四，十恶做尽

成功成德

善 人 （心）	情深义重、人仁爱、温顺 谦恭礼让、厚德载物 既无杀生又无杀灵 平等、无念无求、应用无染 （同心同德）	行 善 积 德
	积功累德之人 上界	
无善 无恶 之人	**社会基本群体** **（平常人：有杀生但** **无残害生灵）**	有功 无德
	下　界 损功缺德之人	
恶 人 （心）	无法无天、目空一切 惨无人道、无仁无义 不三不四 杀生杀觉杀灵 残害生灵 （离心离德）	行 恶 损 德

破败死亡

论正—中—邪的立体人生哲理

毛主席说“有人群的地方就有左、中、右”，著名的德国哲学家黑格尔所提出的哲学命题主要是“正、合、反”，而笔者所持的立体人生哲理是“正、中、邪”，或用代数的术语引申为“正、零、负”。这是因为现今之人有一定的代数或集合知识，故把“邪”改为“负”字，从数学的角度切入更易理解，更明确可信。这三种命题都是属同一个命题，此命题的思想方法是一致的，其分析理解及知识性应用方面是不同的。我认为用代数及几何坐标来理解正、中、邪的立体人生坐标关系，对于认识人生价值，改变人生发展，意义是十分重要的。

正、中、邪在立体人生坐标上的意义是以中为轴心，在几何上即原点，正与邪是以中为轴心的两个对应关系，在哲学上正与邪是对立的，中是正与邪的统一。

由此可见，中气寓于正气与邪气之间，正气与邪气之和气就是中气。中气是由正气与邪气（或称负气）交汇平衡之气，中气实质上是中庸之气，也是平气或称平常之气。以你中气足之人，为人处事中规中矩，和气致祥，人缘好，人气旺，为人圆滑，以平常心待人，其人道处处行中庸之道，这类中气足之人，处事特点既能受正气之人的认可，又能被邪气之人感激，所以中气之人是现代民主社会、民主选举最有利的人才，也是最有利的领导，这些人在立体人生上只不过是个中人，即平常人，在几何学上称为原点人生之人。

在中人之下，即原点人生层次以下之人，为人处世斤斤计较，偷工减料，投机倒把，损公利己，是社会的负心汉，做事未能达到中人或平常人的基本要求，也就是说为人处事长期在社会或人生基本准线之下，坏事做尽，深受社会人民群众，也即中人、平常人以及正人等的埋怨，与广大人民群众之心可谓离心离德，并以此而越怨越深，最后成负气之人并怨天怨地怨人，最终走向邪道甚至死亡。

中气之上之人成为正气之人，正气十足，堂堂正正做人，认认真真做事，光明正大，心胸开阔，正气足，血气通，身心健康，精气旺盛，为人处事，处处以公益为主重，尽心尽力，从不计较个人得失，无念无求，深受广大人民群众即中人的爱护和感激，是社会广大人民群众向往和学习的榜样，与人民群众关系是心连心、同心同德，走人生正道之路。人生思想境界高，道德品质好，做事追求成功，人生最大追求是成德，人生价值高，他的人生是过得最有意义之人生。

因此，负气或邪气之人一定要调正心态，奋力进取，放下小心眼，放弃小利益，力争把自己发展成为中气十足之人生；中气人生之人，要向正气人生之人看齐，降低欲望，明辨是非，启迪智慧，做一个有高素质、正气十足之人。

第四章 成功的奥义

“书中自有黄金屋”的财富之道

书城里面成千上万的书所云集的内容、所讲的道理以及技术含量、知识层次和境界千差万别。书的层次虽多，但每本书或多或少都能给读者带来一种感知或感悟。自然科学之书最起码可以从理论上提高你的科学水平，使你学而得益，获得一定工资收入或提升人生价值；社会科学之书，特别是一些关于人生的书，层次高，道理深，境界高者，使你读后感悟通达，就能改变你的人性，也即能改变你的命运，使你尝到书中大道的甜头，真正体现到“书中自有黄金屋”的感受，从而又能正确认识人生价值和人生意义。

书有不同层次和不同境界。好的书可改变你的人生和命运，但是不同层次的书在社会不同的层面中暗附有不同的价值。书按知识层次和境界来划分，有无知境感性之书、知境理性之书、智境悟性之书、慧境灵性之书这四大类别，其中，无知境感性之书最多，知境理性之书次之，智境悟性之书较少，慧境灵性之书最少。他们在社会层面上构建成一个金字塔形的立面，这也就是“书中自有黄金屋”的大写意。

在这金字塔形的各类级别的书籍中，无知境感性之书的内容、道理都太感性，书中内容说理老是跟人家的书走，与社会同层面的书大同小异，东抄西拾，好多感性的说理在大道面前或者在实施面前都解释不通，其中的说理往往是用一个事例说明问题。这一点你如果有读过数学归纳法，就会用数学归纳法观点来看感性之书的相关问题，就会发现感性之书的论证方法和论证事实说明问题只不过是数学归纳法证明问题的第一步，即N=1时左边等于右

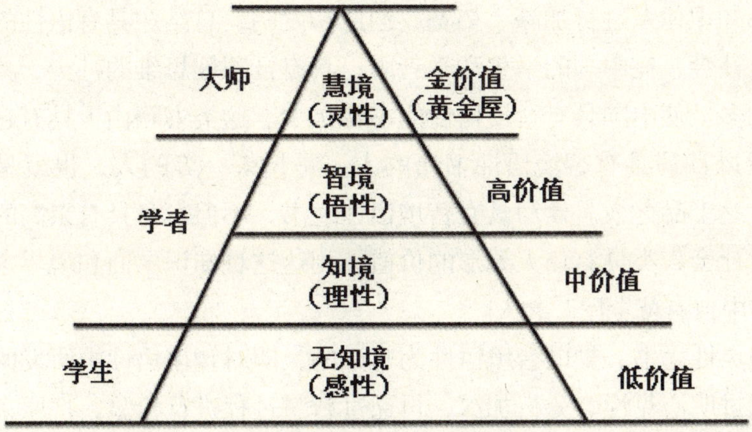

书的知识层次和境界

边，等式成立；而当N=K，或N=K+1时，等式就无法论证，这时你就会发现社会中好多书是感性的书，感性的书的确太无知。你跟着他学，得益甚少，价值甚低，甚至可以说根本没有价值，读这类书无用、无益也无钱，甚至个别立论还误导读者，使读者错做错用，害己，害人，害社会，严重者出现学而成害。因此无知境感性之书是含金量最低的书，又是社会流通最大，是学生群体中阅读人数最多、得益最少、最无价值的书。

知境理性之书，属自然科学书籍，对公式、原理及技术参数、技术水平的论证，说理清楚，论据充分，用数学归纳法论证能达到N=K+1时等式也成立的情况，这样就能使具有专业知识和技术水平之人一看就知道理由，这样就可直接应用投放到生产中去，从而提高自身及社会的一定价值。属社会科学方面的书籍，所讲的人生为人处事之道，不是以一个事例进行说明论道，而是通过正反方面的论证得出道理，使读者能明辨是非，知道为人处事之道，改变自身人生观念，达到升华人生价值的目的。因此，读理性的书使人知其然和知其所以然，使读写之人人生价值得到提升及获利，故这类书属含金量较高的书，这类书是基本上能造福人类的书。

智境悟性之书，是在知境理性的知识层面的基础上，通过具有复合思维及批判性思维境界的人的研究，对原有一定含金量价值理性的书本知识进行进一步批判，在批判中发展、感悟，在批判中把知境转入智境，从而对旧的系统理论知识体系进行加深、拓宽、创造和发明，总结成具有悟性的书籍。因为现今社会，在中国的学生和学者中，具有批判性思维的甚少，具有顺从性思维的多。使中国具有智境悟性的书籍极少。这类书籍由于具有超人一等的智。所以读写具有智境悟性书籍的人，是超人一等的人，也就是说具有智境悟性之上品之人。读写具有智境悟性之书，不但自身具有崇高的有形价值，又对社会人类具有伟大无形的价值，到达这种知识层面和境界之人，是尝到“书中自有黄金屋”之人。

慧境灵性之书，是以智境悟性为基础的，即对智境悟性中所发明创造的知识，通过明心见性、分析加深，再通过智慧过程进行检验，把原来智境悟性的书籍转化为慧境灵性的书籍。这一转化过程，实质上是大道原理的实现过程，达到大道境界的书籍，是不随时空而变化的，永远不生不死，成为永驻人间的经典。能悟通读懂慧境灵性书籍的人是社会的高人，可以说是社会的大师或者说是圣人。到达此境界之人，不但物质财富丰富，而且社会精神财富也丰富，这类人是真正体会到“书中自有黄金屋”之人。

因此，作为一个人，在求学和读书方面，一定要注重所读书籍的层次和境界，要学会感悟领略书籍真正的内容，培养自己明辨书籍是非的能力，大胆培养自己的批判性思维，做一个真正为学而得益得利之人。在人生书山中，实现勇攀“书中自有黄金屋”的高峰。

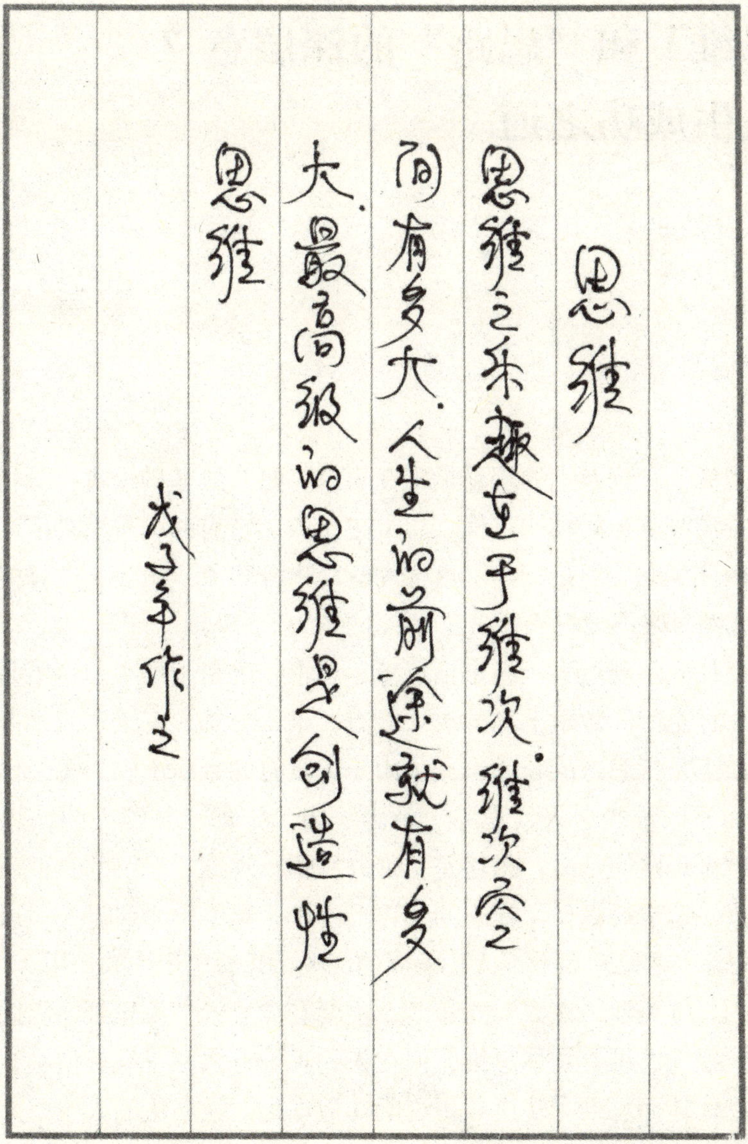
思维

思维之乐趣在于维次，维次之间有多大，人生的前途就有多大。最高级的思维是创造性思维

戊子年作之

“思维”和“思路”的深层意义和人生成功之道

“思维”在词典上的解释是指在表象、概念的基础上进行分析、综合、判断、推理等认识活动的过程。思维也是人类特有的一种精神活动，是从社会实践中产生的。但是词典上这样的解释十分表象、粗浅，这样的解释也造成很多人对思维不理解或者在理解上十分抽象、模糊。

在立体人生观点上，思是指思考、思索，维是指维次，也就是指数学上的维次立体空间。数学上的维次一般有一维、二维、三维、四维等。因此，思维实质上是指思考问题的维次。由于人具有的素质不同，思考问题的维次也不同。不同维次之人，思路、行为、追求、理念是不同的，思维决定思路。思维是思路的基础，思路是思维的反映。思维、思路的高低决定人的理念、境界、追求的高低。在人的意识形态中，思维、思路是人生事业发展的龙头，思维与思路对事业或人生发展的成败，起着决定性的作用。

人的思维类型，在数学的角度，主要有点思维、线思维、纵向思维和横向思维、线性思维、立体思维，但在人的思维方式和思维类型中，最高级的思维是立体球面思维。从这点也说明在数理上，最高级的人生是立体球面人生。人生如几何，人生头脑中对几何知识层面反馈有多深，思维就有多深。思维越深，乐趣越多，思路越清晰，事业越成功。

一、点集思维和思路的人生

点集思维的人生，由于点是正实数，点集又是由无数正实数组合而成。点是指圆点，即圆的正实点集，细分实为无数正实点围绕中心点绕转组成的集合，即在极小的范围内，绕中心点旋转组成的。因此，点集思维之人心眼小，为人处事以实惠为主，吃亏之事从来不做，人的境界及活动范围只不过是绕点滴实惠之点而旋转，表面看是正数正算之人，实质上是井底之蛙，不知天高地厚之人。这类人无知无觉，做事无思路，糊涂一生，这点集思维和思路的人生，是最低级、最痛苦、最没有价值的人生，属小人之人生。

二、单线单向思维和思路的人生

单线单向思维和思路之人，也成为一维人生之人，直头直脑之人，也叫数轴人生之人。因为在数轴上的数有正数、负数、零，且有一定的方向和单位长度。因此这种思维和思路之人，懂正负，也即懂得失，人生就有一定的人情味。人生对事业和职业的追求，可以说是矢志不渝，对欲望的追求也是无止境的，且心态是较自私的，虽懂得失，但为人做事还是正数应大于负数，即有形的物质收入一定要大于无形收入。这类思维的人，往往一份事业或职业一干就干一辈子。人生有思维而没有思路，这种思维的乐趣是在短时期内，当他得势时，为获得物质收入而感到快乐，但这快乐是短暂的。人生最大的遗憾是为欲望而追求一辈子，到老之时，最基本的欲望都没有得到满足。这类思维、思路之人生属有为而无建树的人生，也可说是平庸之人生。

三、纵向与横向齐备的思维和思路的人生

纵向与横向思维齐备之人，由于纵向与横向交织，把平面形成四个区域，即四个象限，且各思维方式都有正负之分。因此为人处事不但懂得失，而且懂得方方面面的对应关系，思维方式独特、复杂，思路清晰超前且有创新意识，再加上纵向思维之人多，横向思维之人少，但社会事业、前途，纵向与横向的成功机会都是均等的，这样思维、思路之人，就能充分发挥横向思维，开拓创新，抓住机会。或许在成功机会多，而步入人数少的地方切入

而走向成功，同时又能注重纵向与横向的平衡关系，权衡利弊，能达到这种思维和思路之人，往往是成功之人。

四、线性思维和思路之人

线性思维和思路之人，是建立在纵向与横向思维、思路平衡的基础上，也即建立在成功人士的基础上的人。他不但纵向与横向思维活跃，各象限线性联系的思维更活跃，即思考问题不是在同一区域内，可以在小分区或大分区或跨国域的互动共进的方式发展事业，达到这种思维的人不但是区域老板、区域成功者，同时又是国家或国际的成功者，或国际富翁。这种思维、思路之人，是国家或国际成大功之人。

五、立体平面思维和思路之人

立体思维、思路之人，其思维、思路具有上述这些所有的思维方式和方法，同时又有超越他们境界的思维方式，其思维方式是注重天、地、人三轴平衡关系，也注重立体各面之间的对应关系，也就是说为人处事一定要思考是否符合自然法则、宇宙规律，是否合天、合地、合人，决不做伤天害地误人之事。不论个人行为处事，还是所做的事业，都要对得住天地，处处行仁行德，建功立业，积功累德，功德无量，成功成德，此类思维、思路境界之人，一般是贤人或者可谓是圣人。

六、立体球面思维和思路之人

立体球面思维、思路之人的思维方式与立体平面思维、思路之人的最大差别在于思维方式不是在立体之平面上，面对面权衡利弊，而是在球体与球面上思考问题。在单向思维上，不是一条直线，而是一条弧线；在复合思维上，是弧形与弧线交织所构成的球面曲线，这曲线在中国《易学》上称为爻线。爻线“立天之道曰阴阳，立地之道曰刚柔，立人之道曰仁义”，也即思维方式是以爻线的形成考虑天、地、人及其平衡发展关系。思维方式最高级，最符合地球球面性质，也符合自然，能道法自然，参赞天地，化育万物，是人生最高境界所在。因此这种境界的人生，是最高级的人生，也是成大功大德圣人的人生，又是万世师表的人生。

此外，在不同思维的维次基础上，人在学习、工作、生活中还必须具备一种高级思维方式——批判性思维，这种思维方式是现有中国高端人群中最缺乏的一种。中国现代大师级的人才很少，其主要原因是大学生的批判性思维缺乏。现今社会上的学生、学者、专家，顺性思维之人多，即顺从书本理论、顺从实践经验之人特别多，会批判书本理论、批判经验主义、批判权威及批判一些古经典、古学说之人太少，会批判又敢于启迪批判思维之人，他的思维已经到达理性和悟性，个别达到灵性的境界，故他的批判有理有据，在批判中去伪存真，在批判中得到启迪、创新和发明。所以你想要做一个发明创造者，必须具有批判性思维，只要如此，你迟早会变成一个大师级的人才。

所以，思维与思路，不同人对其概念及内涵的理解是不同的。在理解上，不同维次之人，人生观及思维之乐趣是不同的。点集人生的思维、思路之人是小人；单向单线思维、思路之人是庸人；纵横向思维之人是成功之人；线性思维、思路之人是成大功之人；立体平面思维、思路之人是君子，是成功成德之人；立体球面思维和思路之人是君子、大人，是成大功大德之人。因此，启迪思维、开拓思路、精进智慧、提高境界是成功成德之人的关键。希望大家日日进步，做人成功成德。

论老天对每个人都平等的天文道理

老天无二心，老天对每个人都是平等的。这句话对于人类来说，可以接受的人少，不可接受的人多，特别是对一些不得志或者有邪心、邪念及怨天尤人之人来说，他们更加反感。他们认为老天对人很不公平，这都是由于他们的世界观和认识水平低所造成的。其实老天对人是平等的，但是要真正理解，就必须对天文学、天球、地球与人们之间的相互关系进行理解，才能知道老天对地对人平等的真义。

老天在天文学上称为天球，天球是一个假想的大圆球，它相对于人来说，即地球上的任何一人，仰望天穹，天穹好似一个大圆球，其上任何一点到观察者的距离都一样远，故相对于人来说，天球是以观察者为球心半径无穷大的大圆球。这样说明天心就是人心，人心与天心合一，即天人合一。

天球的定义是以地球为球心，半径无穷大的大圆球就是天球。这样天球的球心就是地心，它的半径是无穷大的，这就是天地合一之天文道理。

这说明，天心、地心、人心三心合一，老天对人无二心，人人平等；老天对地也无二心，对地与宇宙上其他天体，也个个平等；地球及地对人也人人平等。所以天地无二心，对人都是平等的。

但现实生活中，的确有很多不平等的人和事，这些不平等的人和事与天无关，而是由人与人之间存在着不平等的心态造成的。这样的不平衡都是暂时的、相对的，对于苦短的人生来说是没有意义的。因此，一个人的人生要过得有质量、有意义、有价值，就必须正确理解感悟世尊所说的“天有天心，地有地心，人有人心，如天、地、人三心一正，百邪隐避，三心不正，百邪作祟，心经中有无量无边功德，不可思议”。

悟语

天地同心，人人平等
人不怨天，也不怨地
人生无怨，前程光明

人生价值的元角分与个十百千万

人生的价值主要包括有形价值和无形价值。人生的有形价值主要通过社会活动来实现，所以人生价值也可理解为人生的社会价值。但是人在参与社会活动时，由于社会活动的形式、层次、广度不同，所以人与人之间在社会价值的体现上是不一样的。有的人日收入以元为基本单位，有的以角，有的以分，有的以十，有的以百，有的以千，有的以万……从而导致人生价值的元角分、个十百千万不一样。因此用立体人生观点来分析人生的元角分、个十百千万具有十分重要的社会意义。

在人生价值上，如果你能够纵观价值，横观人生，我相信你就会懂得人生价值提升的道理，同时又会感悟到做人的现实意义，就能明确你人生现今的定位及其今后发展的方向，使你在人生的社会平台上层次越来越高，人生价值越来越大，人生过得有意义。（如下页图）

人生价值高低，不是生下来就具有的，而是要通过一番奋斗才能逐级提升的，其提升的动力主要靠人的技术、学识、为人、处世、综合素质等，且任何人的价值都是由低级走向高级，是人生价值发展规律。人生价值发展的方向是相同的，但是人生价值的切入点是不同的，即基本点是不同的，人生价值发展变化及其成功率、经济效率也是不同的。因此如何综合评估自己、定位自己，对更好切入社会活动具有重要作用。

横观人生，纵观价值，社会人生的价值差别太大，底层社会之人日断分文，入不敷出，迫使其在社会经济活动和商品交换中分文交易，分文计较，

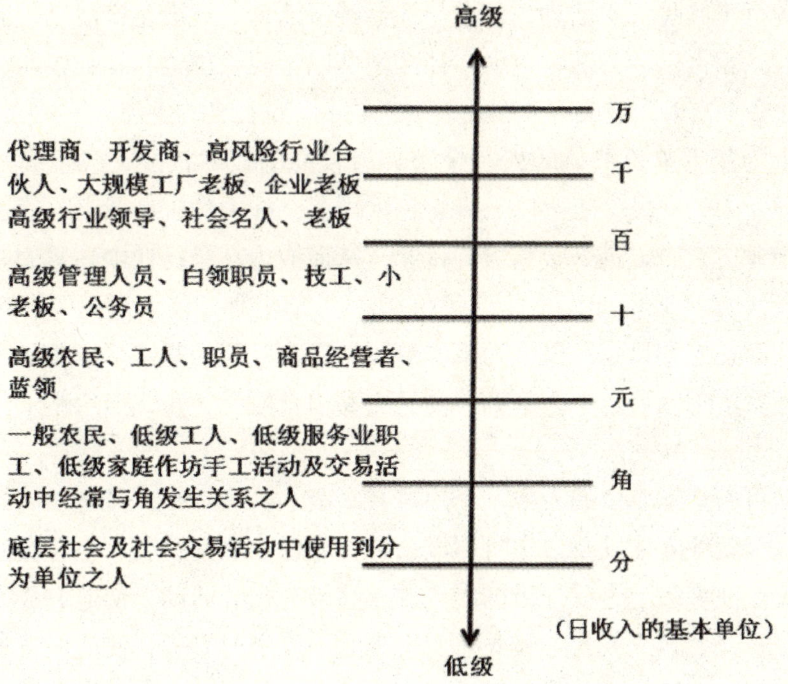

生活十分贫困，这样的人生是以分为基本单位的人生。

在生活十分贫困，以分为基本单位的社会群体中，一部分农民或工人家庭为增加收入，到一些低级工厂或小商品经营活动的地方取一些手工加工或简单薄利的工艺到家里，利用空余时间进行家庭作坊式的手工加工或工艺制作，获取以角为基本单位的日收入，这类贫苦之人就是以角为基本单位日收入之人。

在低级家庭作坊中，有一定低技能的以角为基本单位之人或多余的劳动工人，流入经济较为发达的地区从事种植业、工矿业、服务业等繁重、脏乱工作，成为一般农民、低级工人或低级服务业的职工，他们的日收入以元为基本单位，在商品交易中以元为单位并计较分，这类群体之人是以日进元为基本单位之人。

在以元为基本单位的群体中，个别通过社会时间活动掌握具有一定技术水平和一定知识、社会经验之人，流入经济较为发达地区或较好的工厂、服务行业，高级农民以及具有一定理论知识水平的学生切入社会进入蓝领阶层，或进行小商品买卖活动，其参与社会经济活动、社会生产活动、服务活动，日收入获得以十为基本单位，社会消费以十元单位为主，计较角、分之人，是社会平常人，这类群体在社会中人数多，是社会的主流。

以十为基本单位群体的人，个别具有较高的技术技能，或较高知识水平和管理能力的农民、工人以及具有扩大再生产能力的工商业者，通过技术革命和产业更新后，进入较高级的行业，从而成为高级行业中高层的领导或技术骨干（如高级管理人员、白领阶层、高级技师、较大规模的工商业老板），从而使他们日收入以十为基本单位转变为以百为基本单位的阶段，此类人的消费水平以百、十为基础，商品交易中计较元、角，但忽略了分的人就是以百为基础单位之人。

在以百为基本单位的人中，个别具有高级的管理水平，又有较高的营销能力的高级管理人才以及白领阶层或公务员队伍中个别智者、小老板通过对工商业行业在等级上进行升级扩大，进入高级的社会活动，使他们成为高级行业领导、社会名人或大师级人才、工商业上等级的老板，使他们日收入进入以千为基本单位，也就是俗话说的“日进千金”之人，其在消费活动中往往以千、百为基本单位，不计较十、元、角，这些人已经可以说是社会上的富人或者说社会上的有钱人。

在以千为基本单位之人中，个别行业中的高级领导能把他具有的聪明才智、超前意识指导行业，使行业高效发展，由制造商发展到经销商或国内外代理商，使自己成“打工皇帝”，使企业成为集团化、高效益的企业，由“日进千金”进入“日进万金”。此外大型高效的开发商、高风险的行业也都属以万为基本单位的行业，这些能“日进万金”之人，其消费以万、千为基础，以百为准则，但不计较百、十、元，这些人是社会大富人。

“日进万金”即以万为基本单位之人，个别通过努力又可达到日进十万、百万或千万为基本单位之人，即由富人发展成为巨富之人。

由此可见，人生的追求是无止境的，人生的价值与人生意义是不一样的。要提高自身现在价值，就要懂得如何切入社会，抬升自己，带动行业，做一个有价值、有意义、有精神境界、开心幸福、仁德之人。

勤奋与成功的物理原理

在人生的道路上，勤奋是永恒的主题，但是世上之人，有的以勤奋立德，有的以勤奋图利，有的以勤为生。以勤奋立德者，智慧之人即君子也，这种人可获得成功。而以勤奋图利者，愚蠢小人也，这种人的成功之路是遥远的。以勤为生者，平常人也，这种人一般不会成功。因此一个人成功与否，全凭个人的心志、心量、智慧、品德。

一个心志相通、品德高尚、智慧勤奋的人，他的勤奋是用在品德、义理、智慧上。因为心志相通，心态平衡，品德高尚，一身正气，是一个人真正勤奋工作的前提，同时只有有智慧的人，在勤奋工作中才能矢志不移，才

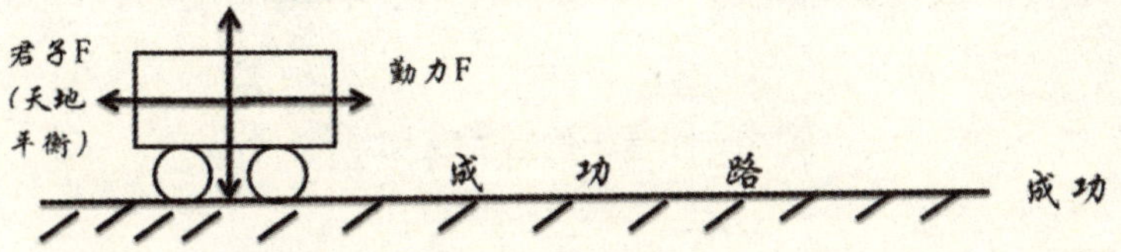

君子心性好合力平衡成功阻力小，勤力大，人生事业易成功

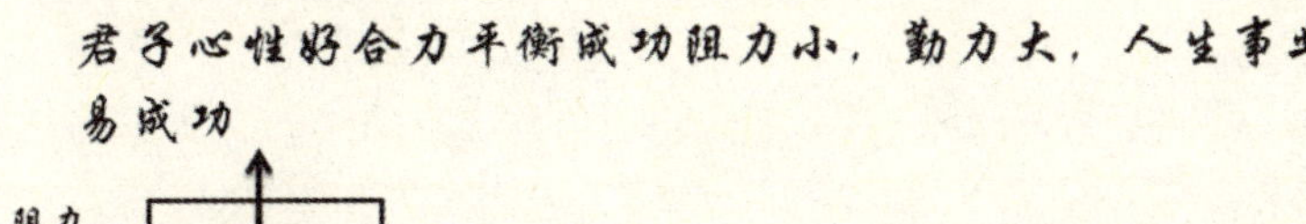

小人天地合力不平衡，阻力大，障碍多，勤力又不足，成功之路是遥远的

能感悟人生乐趣及人生价值。勤奋是智慧人生的美德，通过勤奋工作，可以启迪智力，增进智慧，培育美德，拓宽心量，提高人生自身价值及素质以及社会地位，所以这种人，才会真正不断迈向成功。

一个心量小、眼光浅、糊涂盲目的人，他的勤奋是用在图利上的。因为这类人头脑单纯，思想简单，观念陈旧，自私自利，人生起点低，追求的目标不高，所以致使唯利是图是其人生勤奋的前提和动力。人生单极发展，且在发展中损伤朋友和同事的利益，致使人缘不好，人际关系紧张，见利忘义，有的甚至做一些伤天害理之事，造成人生坐标扭曲偏移，不成体统，故不能获得成功。

由此可见，勤奋好像是开往成功道路上的一辆车，这辆车在勤力的作用下开始运动，但对于心志相通、刚柔并济、心量大、智力高、品德高尚的驾驶者来说，由于勤力与天地人达到相对平衡状态，这辆车必定平安顺利，到达目的地，可获得成功。在物理学上这种勤力所移动的路程叫功。但这辆车对心量小、思想简单、人生定位低、志向杂乱、唯利是图、愚蠢的驾驶者而言，其在前进道路上由于小气、计较、刻薄、贪心、自私等阻力大，障碍多，方向杂乱，而且勤力与天地人的合力失去相对的平衡状态，这辆车在成功路上行驶必定会发生故障而无法前进，或因失去平衡造成翻车事故，因此他的成功很遥远，或者说根本无法成功。

所以一个人的成功是靠心志、品德、智慧、心量决定的，即成功的公式是：

勤奋+厚德+智慧=成功

论人生的运气与性格的关系

人的运度和气场称为运气。性格是指一个人在对现实的稳固态度和习惯化的行为方式中所表现出来的个性心理特征。人体的气场即人体的生物磁场深受时空条件的支配和制约，同时又深受人对现实的态度和个性心理特征的影响，即人的性格影响。故总的来说，人的运气与性格息息相关，其关系是：性格好且外向之人，一般运气较好；性格内向、执着、自私的人，运气一般较差或无运气。

英国布里斯托尔大学的研究员对一万四千名儿童进行跟踪调查，不但证实了这个观点，而且调查结果表明，一个人的性格及其人生态度会直接影响到他的运气。

从场强理论看，运是场的反映，养运实际上为养场；场正、场旺、场强必定运气好；场邪、场弱、场衰则无运气。从佛道两教的坐禅和静坐中的“调息观心”，到诸葛亮《诫子书》中的“君子之行，静以修身，俭以养德”，实质上都是养场、调场，力求其场地系统内的磁场强度能“冰清玉洁”，尽量使系统内物质和能量达到相对的平衡状态。因此这类人心地纯洁，对现实态度比较友善仁爱，对人富有同情心，善于交际，为人正直诚实，对人彬彬有礼，对现实社会的人和事物有一个稳定良好的态度，意志力强，独立性、目的性、主动性、组织性、果断性强，同时个人情绪稳定，活动性强，心体良好健康，做事理智乐观，这类人自然养成“厚德载物，雅量容人”的胸怀。这种性格的人，志存高远，气场纯正旺盛，同时又喜欢与外界进行物质及能量的交换，从而会结识到纯正场强的朋友，彼此通过好的信息交换，自然带来好的运气。相反，一个人对现实的态度是心怀自私、孤僻、虚伪、粗暴，同时意志力不足，冲动性、盲目性、散漫性大，见异思迁，情绪波动大，生性十分内向，缺乏正气，在这类场强的影响控制下，此类人不喜欢交友，场与场之间的信息交换缓慢，有时甚至出现中断，这类性格的人运气较差，甚至个别出现无运气。

因此，和气致祥、喜神多瑞、富贵声誉，来自道德，也即来自立身养性、养场的结果，也可以说："修身种德，性格之本，事业之基，运气之源。"故要望事业好运气佳，就必须从小养成好性格，修好德行，学好文化知识，开智化愚，培植美德。对性格不好者，要认真忏悔，尽量颐养纯洁无瑕之心，认识朋友，结交朋友，修心行善，赤诚助人，我相信一个幸福吉祥的运气发展机遇就会很快降临你的身边。

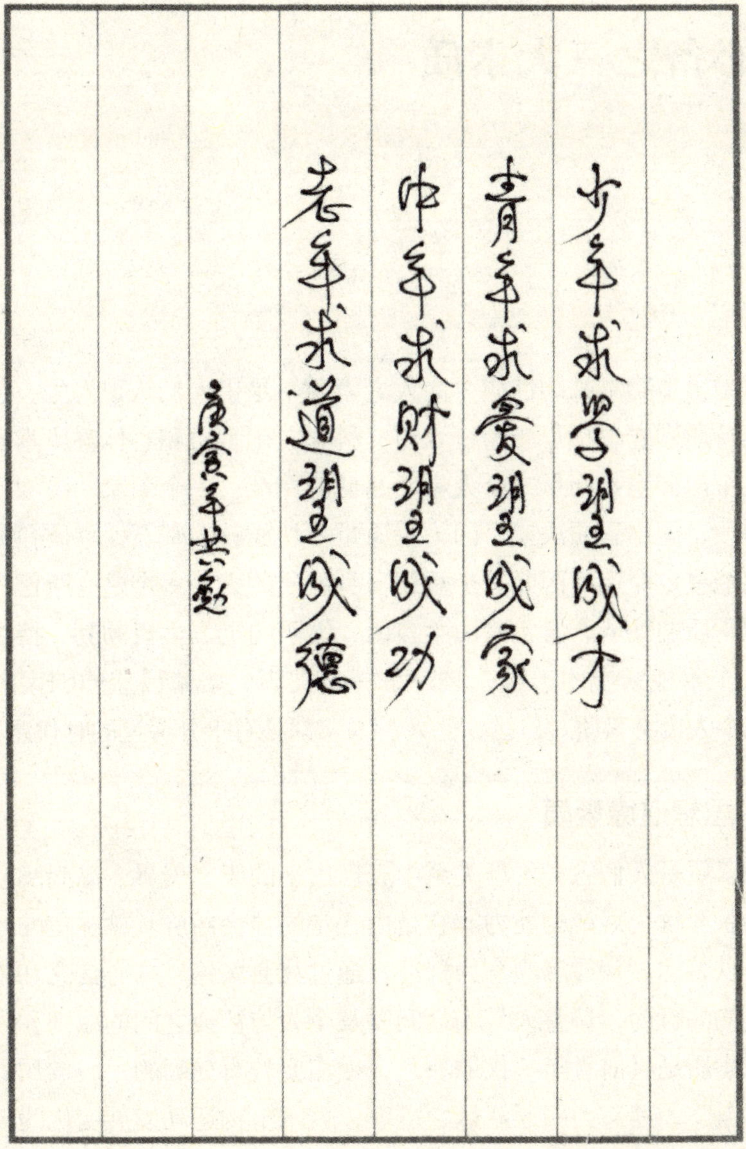

少年求学望成才
青年求爱望成家
中年求财望成功
老年求道望成德

庚寅年共勉

人生必备之三大素质

素质是指事物本来的性质，而人之素质，是指人们认识人生、感悟人生的先后天特质。它包括思想道德素质、科学文化素质和心体健康素质三大部分。这三个部分也是衡量一个人素质高低的标准。一个国家、民族或个人的成功与失败，全由素质决定。因为素质是一切成就的基石，素质在某种意义上讲，它能决定命运。因此一个重视自身素质的人，一定是有所作为的人；一个重视素质的民族，必定是民主自由、文明向上、生机勃勃、持续发展的民族；一个重视素质的国家，必定是一个文明、繁荣昌盛的国家。由此可见，提高个人自身素质对自己、他人、国家都具有十分深远的时代意义。

一、思想道德素质

道德素质是人们各种伦理关系中表现出来的崇高境界、高尚品质以及调节人们关系和行为规范的能力。它是由一定的社会经济基础决定的社会意识形态，是以善恶、荣辱等观念为标准，通过社会舆论、内心信念和传统习惯来评价人们的行为，调整人与人之间以及个人与社会之间的原则和规范的总和。道德素质是目前青年一代最缺乏、最需要教育提高的一门实用课程。道德中之“道”，其义为四通八达之道理，表示事物运动发展变化的规则和规律。“德”即德性德行，外施于人谓德，平等是德，外行于礼是德，心体离念是德，应用无染是德。道之内得于己，外施于人，说明人们能认识和把握道这种最高的原则和道理，使道植根在内心之中，身心互德其益。同时把得到的道理施给别人，使众人得其益。

但是不同的人道德水准不同，在认识和观念及信仰上产生明显的差异。小人者，不懂道德，无明辨是非之能力，为人做事，功德不明，斤斤计较。君子之德，为高尚之德，即崇德；崇德者，广业也，知崇礼卑，崇效天，卑法地，天道设位而易行乎其中矣，成性存存，道义之门，说明智和礼两种高尚的道德，都是由效法天地而来的。智慧贵在崇高，礼节贵在谦卑，崇高效仿天，谦卑效法地。因此，有高尚道德修养的人应效法天地自然，以客观外在的伦理规范为准则，以后天的学习积累为修养，充分发挥人的主观能动性，加强道德修养，把发挥主体自觉的自律道德和遵循客观准则的他律道德融为一体，提高思想道德素质。

因此，我们作为中国公民，要树立强烈的革命事业心和高度的道德责任感，要大公无私，廉洁奉公，全心全意为人民服务，要注重道德敏感性与道德坚定性相结合，实事求是，襟怀坦白，坚持原则，勇于同错误行为做斗争，争做一个崇德、广业、道济天下的高素质之人。

二、科学文化素质

科学文化素质是提高思想道德素质和心体健康素质的基础。科学文化水平提高了，人们的观念、认识水平发生了深刻的变化，感悟人生，感悟事物，人生坐标的定位、追求也会发生深刻的变化。因此社会上智力、智慧型的人物越来越多，这样使社会经济水平不断提高，社会教育及医疗卫生事业越来越进步，人们的道德素质和心体健康素质越来越高。因此，科学文化素质是道德素质和心体健康素质的基础。

中国人现有的科学文化水平较低，层次参差不齐，特别近几年过分强调文化知识教育，使表面上人的文化素质有一定的提高，但忽视了智力、智慧的教育，致使在整个社会知识群体中，高学历低智商之人极多。人们过分迷信知识，连招工、招干的门槛都是用“唯学是举”来界定，即衡量是不是人才都是靠学历来衡量，这种做法与古人“唯才是举”是有很大差异的。中国文化大革命后的大学生，获得知识的过程不同，但进入社会后，他们的知识是相近的，其获得知识过程可分为三类：

第一类：文化大革命后到80年代初的大学生，他们小学读五年，初中读两年，高中读两年，即九年，读完小学、初高中课程，书本知识十分浅薄，很多人想学多点知识，却无深层知识可学，即想读书却人为地不给你读很多书，且边读书边打工者多，其人生中获得的知识大多是进入大学后获得或毕业后到社会实践中获得。

第二类：80年代中期至90年代初的大学生。他们的知识是顺应社会、顺其自然地获得，小学、初高中学年采用十二学年制，书本知识较深厚，但大学招生人数较少，考生人数较多，而家庭重视教育程度不足，大多数学生进入大学过程都是顺其自然的，人生知识是比较正规、系统获得。

第三类：90年代中后期至目前的大学生。他们获得知识是靠社会教育，特别一部分人靠家庭教育，主要从小到大请家教辅导考上大学，人生获得知识是靠人为的高度重视而获得。

这三类大学生，虽然他们获得知识的方式、学习目的、知识结构体系不大相同，但是在社会工作岗位、知识水平、知识运用上没有太大的差别，这说明：

1. 人生获得知识，好像经过一场马拉松赛跑，只有养成坚持不懈的学习精神和学习习惯，最终才会到达知识应用终点线，知识水平高低只能靠时空而定。当彼此达到人生基本知识终点之后，胜败成功不再靠知识，而靠智慧，即有智慧者可获成功。

2. 人生知识结构=50%理论知识+50%社会知识。而50%理论知识=25%纵向思维知识+25%横向思维知识。因此，在人生道路上，虽学无止境，但如果你已达到人生基本知识水平终点线，我们就必须开智化愚，把学到的理论知识带到社会大熔炉中进一步深化，感悟转化为超人智慧，同时加强道德素养，提高道德觉悟，拓宽体量，把自己塑造成一个具有真正文化科学素质的劳动者，全心全意为人民服务。

三、心体健康素质

心体健康素质是科学文化素质和道德素质的前提，包括心理素质和身体素质两大部分。世界上最重要的一件事就是心体是否健康。没有健康的心体，成功迟早会出现“漏洞”，甚至会“破败”。为什么拿破仑能够顶住压力而叱咤风云，就是靠健康的心身所起的作用。

强壮健康的身体是一个人拼搏工作的本钱。人的心体存在一个生物磁场，身体强壮、心藏正气之人，磁场旺盛，磁场引力也大。这种人心体健康，心理承受力大，能堂堂正正做人，认认真真做事，心志相通，心慈礼正，诚实孝顺，通过物以类聚，自然能结识到同样心慈仁德之人，通过交往、信息互通，自然能获得一些堂正之信息。有德才会成才，所以心理积极，心量大，心理承受力大，身体健康，其道德观念、素质也相应提高，文化科学知识也在社会实践中不断深化、吸收、提高，使科学文化知识素质能与时俱进。因此，心体健康素质是科学文化素质和道德素质的前提，是人生成功的关键。

所以我们的青年一代，要注意道德修养，修心养性，拓宽心量，加强锻炼，不断学习理论知识和社会知识，提高科学文化素质，争做一个高素质之人，为我们民族成为一个高素质、强大、繁荣昌盛的民族而奋斗。

悟语

人生必需的三大素质

健康心体素质是前提

科学文化素质是基础

伦理道德素质是关键

“人生无怨，成功之基”的立体人生思想

“怨”字是人生中最差劲的字眼之一，它是人生心态中最可怕的一种信息，是为人处世失常所致，也是人生开始失败的前奏和预兆。一个人如果怨天，则会失去刚健奋进、自强不息的精神，就会因被天抛弃而坠落；一个人如果埋怨人，就会失去为人处世仁义之态度，就会被人责怨，被人淡忘；一个人如果怨地，就会失去厚德、礼让、温顺的本性，就会被地埋没。只有人生无怨，为人处世，小则可成人，大则可获得成功。

但是，为人处事，什么是怨却少为人知。当双方出现争执埋怨时，自己也往往不承认，特别是“怨”字这信息所带来的严重后果，社会上的人们更没有体验到，从而越坠越深，越怨越迷惘，个别严重者出现日日怨、年年怨、怨人、怨天、怨地，致使事业失败、破产、入邪，伤天害地，走上绝路。

什么是怨？从字义理解上是不满意、责备及仇恨的意思。词典从点上或面上的理解，其义粗浅，未能诠释“怨”的真义及危害，使人们对“怨”字及所带来的后果认识糊涂，不了了之。如果能换个角度来评释、理解，则大不一样，今天我用立体的角度同大家学习、评释、理解，希望分享后能开悟。

要解释“怨”字真义，必须研究社会群体。在社会群体中，存在着三种不同层次的人，一种是中规中矩、安分守己之群体，这个群体人数最多、最复杂，是社会的主流，故称为主流群体。这个群体中的人，社会上称为平常人或平俗人。由于是平常人组成的群体，所以这群体也成为社会上的基本群体。但是在这群体之上，分布着一个心量大、正人正事、感恩戴德，由成功

人士组成的出人头地的群体，也叫上流社会群体。同时，在社会基本群体的下面分布着一个怨声载道，由失败者组成的低人一等的社会群体，也叫下流社会群体。但是这两个群体是怎么形成和发展的呢？其实都是从最基本的社会群体中，由两种思想境界和为人处事完全相反的平常人分离出来的。

社会基本群体，又可分为三个基本层次。中间层是真正中规中矩、按部就班、安分守己的平常人。在这层的上界和下界也存在两种理念、处世、道德、心态、文化层次等完全相反之人。下界是为人自私自利、小气量，做事斤斤计较、贪小便宜、弄虚作假，眼光短浅，人生定位低，不负责任甚至损害社会、人民利益，受社会人民责备埋怨，众望低下，人生消极，失道寡助的人，其心态、理念一天天偏离社会基本群体，他的前途愿望逐渐堕落，越堕越深，最后进入下流社会。这种人此时已深受人们责备，离心离德，其命运、前途、事业也已无着落，整天满腹牢骚，怨天尤人，最后走投无路，邪念百出，做出伤天害理之事，从而走向绝路。

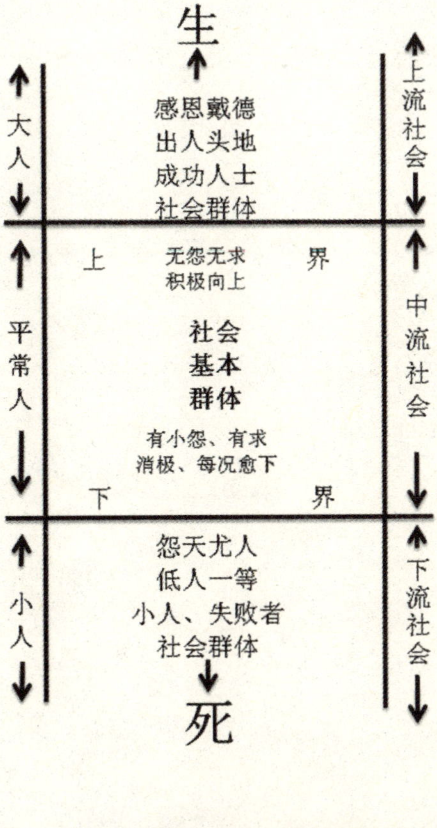

相反，社会基本群体上界的人，任劳任怨，积极向上，自强不息，谦恭礼让，为人心量大，境界高，时时刻刻把人民群众基本利益放在第一位，深受人民群众的尊敬和爱戴，从而达到为学日益，思想境界、道德、文化知识天天精进。当积功累德达到一定程度，他就会出人头地，进入上流社会，此时他更时时刻刻挂念群众，与人民群众同心同德，从而前途光明，事业兴旺，宏图大展。

因此，“怨”字的信息及抱怨，对人生的前途、命运以及事业的成败、社会的层次、文化素质、道德观念等影响极大。人要想出人头地，就必须不断锻炼自己的韧性，同时全方位地保证做任何事均不被人责备埋怨。每件事都尽量做到受人尊重和感动，自然人脉旺，关系多，运气好，则距离成功的路径越来越近，故总的来说，人生无怨，成功之基。

论钱财富贵

人生在世，人人都想要钱财富贵。钱财富贵是世人追求的目的。世上之人，做人做事都是为了钱财富贵。

钱财富贵是成功者的标志，是穷人的梦想。因此在人生路上为了钱财富贵，不知道多少人被误导，多少人被伤害。钱财富贵之路可以说是条血汗之路。

但是如何认识钱财富贵，特别是其真义，至今还尚未有一位学者去考究。这使得全世界对钱财富贵的理解和应用产生极大的误解，特别是世人均认为有钱人就是富人，有官之人就是贵人。实质上，有钱人与富人是不同的，官与贵是有差别的。总体上讲，钱财富贵是不同的。

“钱”字是由金字旁及两个“戈”字组成的。戈是古代的兵器，这兵器是主动出击、掠夺打击他人的意思，这说明要取得金钱，就得出动兵器去打击、掠夺，是靠打靠杀来获得的。在易卦上，金到东家，须靠兵器打击西家获得，西方为兑为金，即打击西方夺金到东家就是“钱”。所以有钱之人是靠打打杀杀得利的，这样获得的钱实质上是不仁不义之钱。金字旁在东，东属木为元性表仁，这样得到的是仁义之钱。故有钱人有两类：一类是仁义的有钱人；一类是不仁不义的有钱人。

“财”字由“贝”字与“才”字组成。贝即宝贝，表金银珠宝等，才是才学、才能，即有金银珠宝又有才学才能且能平起平坐之人是有财之人，在易卦上也可理解为东家的金银珠宝是靠人的才能学识本领到西家合情合理而获得的。所以有财之人，才学高，才能大，本领强，心态平衡。

“富”字为上中下结构，上为“宀”，在易学上上为天，为父，为尊长，宝盖意为祖宗的房屋，现代之意为祖先之物业或产业，或为尊长赏赐的产业，具有崇高伟大、自强不息之德。下为地，地为坤，为母，故下部之田表示有大量良田、庄园，为人具有温顺、谦恭礼让、厚德载物之德。中间为人道，表示仁义之德，而富字中间为“一口”，表示人丁、牲口，有人丁有牲口，具大仁大义。所以富人必定是具有天地之德，大仁大义之人。为富不仁，是世人不懂得“钱”与“富”之真义造成的，故为富必仁，为钱不仁也不义。

“贵”一般应是当官之人，世人误认为有官就是贵，甚至连一些做官者也自以为如此。其实官有贵官和贱官之分。“贵”字在易学上，上为“中”字，上为天，为尊长，为国家，表示贵者要忠于天，忠于国家，忠于领导，忠于党，忠于人民，表示国家的崇高伟大、刚健不息。下为“贝”字，表示财帛珠宝，下为地，为温顺、谦恭礼让、厚德载物，表示宝贝都是人民自愿奉献感恩且通过谦恭礼让获得。中间为“一”，表示仁义，即贵者要忠于天，忠于国家人民，他本身所获得的财帛都是以仁义为准线，即仁义为标准而获得，其财帛是积功累德之财帛，这样的官才为贵，如此之人才是贵人。

所以，世上钱财富贵其意不同，其人也不同。社会之人，有钱者多，有财者少，达到富者更少。希望为官者，为人做事多做个贵官，千万不要做个贱官。

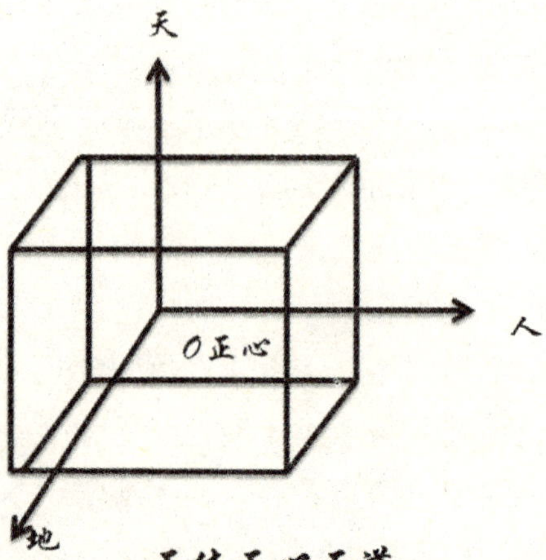

正体正心正道

悟语

无心无体无仁无义
无精无神无气无道
正心正体正仁正义
正精正神正气正道

论德才兼备之人的“心量”与“气量”及成败之道

气与量多少是一个人能否成功的关键，曾国藩说过这样一句话：“成功看气度。”一个人是否成功成德，气量是基础，要成大功德，一定要有大气量。社会上真正成功成德之人，没有一个是小气量之人。气量的大小是由先天的条件和后天的培养以及生活环境所决定的。气量，包括气与量两方面，即自己的气量和外界赋予的气量，自己的气量以自性自修逐步提高为主，外界的气量以外界人际交往逐步提高为主。但自性的提高是内因，外界人际交往提升气量是外因。气与量的大小，是一个人心性的欲望大小和道德的心理反映，是一个人私心的真实写照。但现今社会，由于人口多，道德教育与心理教育不足，社会保障制度还不够健全，世人后顾之忧严重。为解决后顾之忧问题，自私自利、欲望高、贪心之人多，造成中国社会无才无德气量小的人较多，德才兼备、气量大之人少，有的有大气无大量，有的有大量无大气，有的人有量无气，有的无量无气。社会人文复杂，风气低下，真正开心的人少，一辈子不开心、痛苦的人多。为使世人过得开心幸福快乐，做人德才兼备，特将气量进行释义，谨据参照。

人体之气，在物理学上可喻为人体的气场，也即人体的生物磁场，它包括人体的气势、气魄、气运、气神。人体气场强弱分布情况波及的范围称为人体的气势；气势强弱的力度（气力）及气场旺、正之气性质就是气魄；

气场对人体运度的影响称为气运；人体受气场影响后，其精神状态称为气神和神气。

人体的量度，是指人体心胸心房阔达的程度，俗话称为心量。人体量度的大小主要受心性、欲望、心结等所制约，只有提高道德水平，修心养性，降低欲望，杜绝贪心，才能拓宽量度，启迪升华人生，发挥智慧，提高才能，从而走向成功。

因此，人的气量是不同的。俗话说“人心隔肚皮”，人们彼此间气量是不同的，最遗憾的是连自已气量大小也不知道，这是由于先后天的环境因素以及家庭、学校的教养不同，人的自性及遗传基因不同造成的。小人的气量极小，君子气量大，德才兼备之人气量更大。德才兼备者深懂修心养性之理，修心养性在物理学上实为修心养场，场有强弱、旺衰、正邪、生死之分。场正、场旺、场强必定运气好，场邪、场衰、场弱必运气不好。德才兼备之人，深懂天地人之道，能从佛道两教的坐禅和静坐中的“调息观心”，到诸葛亮《诫子书》中的“夫君子之行，静以修身，俭以养德”中养场，调场的实质在于力求人体生物磁场和系统达到“冰清玉洁”，使系统内物质和能量达到相对平衡，这样使德才兼备之人心性十分平衡，心地纯洁，对现实态度比较仁爱慈善，对人富有同情心，为人正直诚信，谦恭礼让，气势宏伟，正气十足，魄力好，威望高，为人处事真正达到和气致祥、喜神多瑞、谦恭和顺、崇高伟大、高度智慧的境界。因此德才兼备之人，对人的洞察力极高，对人和事的见解不但能入木三分看其本性，而且能高瞻远瞩，独自高见地看别人和事物发展的趋向和结果。做事明理通达，同时正气十足的人，容易与高层次堂正之人为友，在此带动下，德才兼备之人，社会地位高，且德高望重。故德才兼备者对人和事都能起到一言九鼎的作用，德才兼备者是大气势之人，是成就大功大德之人。

人体的量，即心量，对社会一般人来说，人体的心量是一定的，从有形的角度，人的心量可以说是相等的，但是对不同气势和道德才能之人，它装的物质和容纳事情的密度是不同的。小人心轻，唯利是图，小气，自满情绪高，这样小人心量里所装的东西密度小，故容易自满，使上部剩下部分的空间极小或早已没有空间。所以说小人量度小或者基本上没有量度，加上贪财贪物，有进无出，致使心量满载或超载，心里物质易溢出，心房容易破裂，物极必反使小人易出大事，易天诛地灭人亡。而德才兼备之人的心量十分坦荡。因为德才兼备者具有正义、正气、正道、正德，欲望小且不贪财物，心量中有形之财物少，且为人低调，所进财物密度极大，所进财物仅占心量空间的一小部分，剩下空间太多太大。故德才兼备之人大量，加上德才兼备之人富而多施舍，回报社会，造福社会，即进之财物，入少出多，使他的量度更大，故他永远都不会自满自高自大，从而会达到厚德载物、雅量容人的心量。从无形的角度，人的财富有有形和无形之分，有形的财富是装在心房、心量中，无形的财富是装在天地间。德才兼备者量度更崇高、更伟大，为人处事是以天、地、人为参照物，即参赞天地，化育万物，是人生追求的最高境界。故德才兼备之人，在量度上也是一个成大功大德之人。

因此，人的气量的大小，全部是由心态决定的。为人处世千万不要把心锁得太紧，因为心紧之人，自高自大，执着，小气，计较，自私自利，这种人没有好朋友，特别是小气小量之人，执着计较，得不到领导的赏识，才能无法发挥，自恃为“英雄无用武之地”，致使一辈子“怀才不遇”，默默无闻，不开心，是极为痛苦之人生。做人要向德才兼备之人学习，学习他为人处世的心态、心性、品性、道德、智慧，提高思想境界，做一个德才兼备、气量宏大之人。

悟语

气量有多大

福报就多大

论人生的知→智→慧的关系与成功

德才兼备之人是有智有慧之人，但有知之人多，有智之人少，有慧之人更少。有知识之人是一般中等之人，有智力之人是成功之人，有智有慧之人是德才兼备成大功之人。人在成功成德之大道上，知识是基础，智力是关键，开慧是结果。在这三大人生智能发展阶段中，人生发展经过五大时期，即知识期→知识智力期→智力期→智力智慧期→慧。在这智能发展过程中，有的人一生仅经历过知识期，即第一时期，有的人经历到第二时期或第三时期。如果你能明白这个道理，那么你还不知道你的人生是平淡无奇、糊涂而没有意义的人生，是浪费一生的人生。因此人生要走德才兼备之路，成为大智慧，大功德之人，就首先必须明白“知”与“智”的差别。

“知识”与“智识”是两个不同的概念，它们的差别实质上是“知”与“智”的差别。当今社会有知识者多，有智识者较少；且有知识者多较自信、清高、庸俗、痛苦，有智识者则崇德广业，谦虚超脱，较清平、朴素自然、快乐。这里由于知识中的“知”字是由“矢”与“口”组成，意为一口咬定。一口咬定就是知，其义一是知道，知道之“知”，往往是知而不言，知其一而不知其二；二是知识，求知，即在知道、感知中得到启示认识。可见，知识是在感知之认识过程中产生的，即在感性认识过程中产生的。因此，知识是表而上的、含糊的、粗浅的，是不自然、一知半解的。具有知识认识之人，其人生多是庸俗、计较、不开心、不自然、痛苦的人生。个别过分迷信知识的人，实质上是个没有什么知识之人，同时又是愚蠢痛苦之人。

因此人类最大的知识就是不迷信知识。

智识中的智是人们认识理解客观事物并运用知识经验的过程。在“智”字中，上为“知”，下为“日”，上表示天知或知天，即明天道天德，达到知天必知地、知人；下为地为日，日表光明即地明。所以智实为对人和事天知地明，智、知是天知地明的见识，同时这也说明智识实质上是在知识的感性认识升华到理性认识过程中产生的，这个过程也就是把书本理论知识通过社会实践检验转化为理性认识过程。智是由理而生的，具有智识的人，一定是见多识广、深刻明理、超脱、谦虚、平衡、健康、自然、快乐之人。

慧是人们智能及治学的最高境界，智慧是人们学业精进的最高追求，同时社会上有不少人都希望自己是个有智慧之人，市面上有好多人性方面的书籍都标榜为智慧书籍，智慧书籍虽多，但是连作者本人究竟什么是智，什么是慧都不知道。读者虽多，但根本不知道什么是智慧。那什么是智慧呢？智慧以知为前提，以智为基础，在智明的基础上，通过内心灵感，感悟出明道的创新智识以及此智识对原来的知识体系起着加深、拓宽、创新、发展的作用。所以有智慧之人必须是明道之人，明道之人必是德才兼备之人，有智慧的智识必定是明道的智识，明道的智识必定不会随时空而变，这些智识道理使读者现在可以学，可以用，将来也可以学，可以用，子孙后代可以学，可以用，是放之四海而皆准的智识。

“慧”字从结构上看，上面是两个“丰”字，象征极为丰盛，也即双丰收之意，上为天，为尊长，尊长使天下丰盛，人民就会不忧愁；丰是雷与火之组合，雷属木，合为木生火，木与火通明，启发出聪明之灵性，聪明灵性一发挥、通感，自然会悟出明道、创新的东西或方法，即智慧出自聪明，同时天中有雷有火，即有雷有日，有日时，阳光普照；有雷时必有雨，就能滋润万物，使万物生长，必定可获得丰盛的成果。

“慧”字中间是“山”字，中间为人道，主仁德。所以中间之山是仁德之山，即仁者乐山，这也说明慧者之心是仁德正义之心，同时“慧”字中间之山，上面有阳光、雷雨、和风，使此山为温润之山，温润之山更利于滋生万物，更象征人的聪明才智、灵感、悟性都可无穷无尽地发挥出来，也说明这心中之山是一座人间灵山。灵山也是宝山，且任何山都有金属矿物，所以宝山即金玉之山。所以仁德之人，德才兼备之人，其出口之言必是金玉良言，是明道之言，是与天地准之语言，即参赞天地、化育万物之语言，是人生最高境界的结晶和体现。

“慧”字下部是“心”字，下为地，表示慧者之心像大地一样温顺、品性端正、谦虚恭敬、文明礼让、厚德博爱。

“慧”字是一个成体文字，它包括天德、地德、人德、天才、地才、人才，达到慧的境界，一定是大仁大德、德才兼备之人，也是一个成就大功大德之人。“慧”字在五行上，有金、有水、有木、有火、有土，五行齐备，轮转生化，滋生万物，化育出各种各样的智慧、道德、才能。“慧”字从易学八卦来说，八卦俱全，八德齐备，是中国文字中少有的文字。因此“慧”字从结构上是我们中国文字中含义最深、境界最高的文字；从人文上是中国人追求最多、最吉祥、最开心，能福荫后代的文字，是人生追求最高境界的文字。慧的人生是德才兼备之人生，成大功德的人生。

悟语

慧境人生是最崇高伟大的人生，也是成大德的人生

“功”与“德”的辨识

功与德是人们为人处事果报的一种反映。但遗憾的是世上之人为人处事功德不分，致使做好事之后，果报是积功还是积德都有所不知。为使大家明白功、德及其关系，特将功德进行释义。

“功”与“德”是一对概念的外延和内涵贴得很近的词，且是不同境界之人为人处世、做好事的果报，是一个人积功累德必须经历的两个阶段。两者的真义及关系正如《菜根谭》中所说的“处事不必邀功，无过便是功；与人不求感德，无怨便是德”。这已经从基本上讲述了何谓功，何谓德的概念及相互内在关系，但还不够具体明确，真正能全面具体弄清功、德者是六祖，《六祖法宝坛经》所说“功者，见性是功，谦下是功，性建万法是功，不离自性是功”；德者，“平等是德，外施于礼是德，心体离念是德，应用无染是德”；功德者，“本性真实妙用是功德”。因此为公益、为民众做任何一件事，其果报是积功还是积德，还是积功德，全凭个人做事的心念、境界和行为。

由此可知，人们在为人处事、积功累德的过程中，好心态、好行为即自性善念是前提，积功是积德的基础，积功德是积德关键或称过渡地带，积德是结果，特别是积全德，即天德、地德、人德。德的最高境界是：德以仁义为基础，德与天地准。

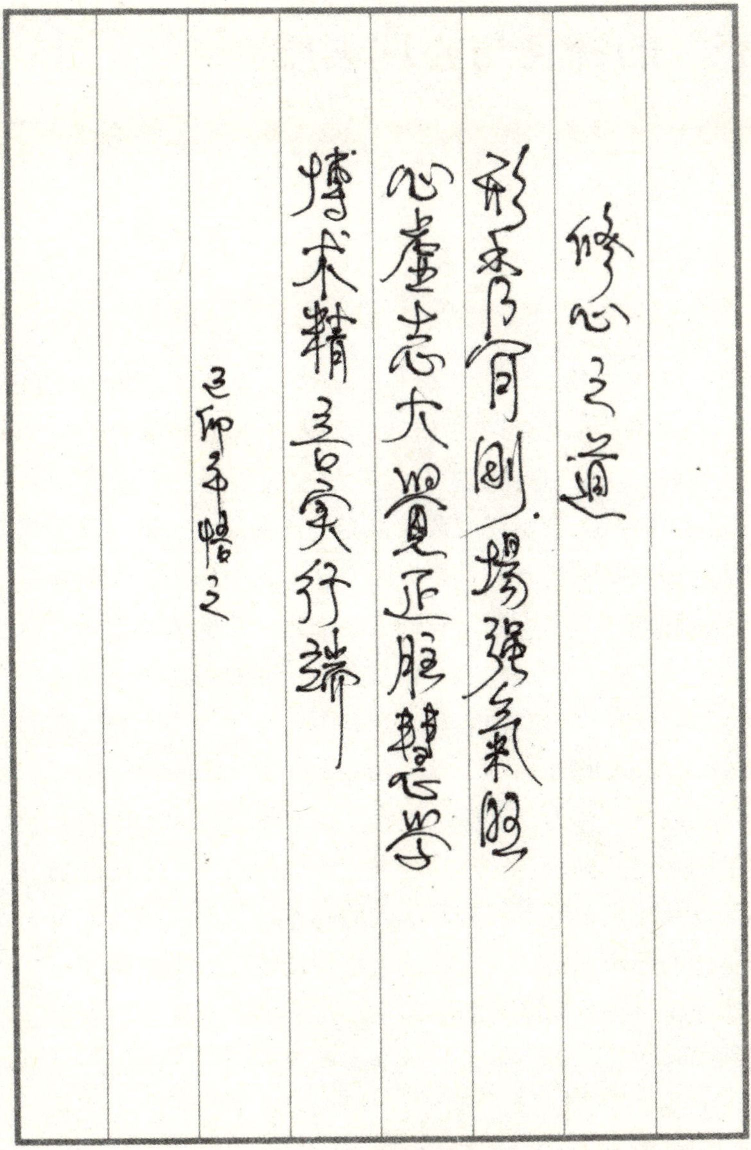
修心之道
己卯年悟之

“心态”的释义与心理素质

心态是一个人性格、气量、诚信、健康、道德等方面的综合体，是一个人基本素质的前提。心态是否健康，是人生在世最重要的一件事，也是一个人是否走向成功的关键因素。没有健康的心态，人的成功迟早会出现“漏洞”，严重者甚至会出现失败。世界上许多伟人、富商和英雄人物，为什么能顶住压力而叱咤风云？就是健康心态所起的作用，如毛泽东、拿破仑等人物。但不同的人心态不同，有的人心态好，有的人心态不好，有的人心态清明，有的人心态杂乱，私心、私欲大。德才兼备之人的心态是“清平明理”，为人处事都是以感激他人的心态。因此导致社会上之人有的人成功，有的人破败，有的人平庸。

一个人的运气、行为、欲望、理念、追求等方面都深受心态的影响。心态从物理学的角度解释，其实质是场态。人体存在一个生物磁场，且磁场的强度、性质以及波长、频率等都是由人的心态决定的。强壮健康的身体是一个人拼搏工作的革命本钱。在人体的生物磁场中，一个身体强壮、心藏正气之人，磁场旺正，在这个磁场的影响下，这个人一身正气，堂堂正正做人，身体健康；同时通过物以类聚，自然与堂正之人、正气旺气之人结合会聚在一起，从而带来旺、正、吉的信息，带来好的运气。若能把握机遇，就能进吉进财。如果此人心术不正，气量小，则他的生物磁场弱，且带邪念、邪术衰败之气，在这磁场的长期影响下，此人心邪，多疑，多病，正气不足，同时通过物以类聚，自然与心怀不轨之小人会合聚集在一起，带来不正、邪气、杀气之信息，从而带来不好的运气，导致出现口舌、是非、灾难、破败。

德才兼备之人的心态“清平明理”，清则无欲，平则不曲，明能正俗，三者备足，方可理人。因此德才兼备之人，欲望小，气量大，易知足常乐，人开心，心态好，品行性格端正、温顺、心慈仁德，心理素质极高；为人忠实诚信、正直，处事一身正气，是个正人君子，自强不息，不断精进，天天积功累德，为人正气十足，明辨是非，能中道待人，又能以理服人，以事感人，他的心态活泼，且可上可下，这样的心态使小人口服，使常人心服，使高人钦敬，使世人感激，且能在这基础上再深明大道理，用大道理、大德行、大才能来治理社会，成为社会的领导。由此可见，德才兼备之人的心态与小人和一般人的心态是千差万别的，是不可同日而语的。德才兼备之人的心态是天、地、人之道的心态，是崇高伟大、刚健不息、谦恭、温顺、宽厚博爱、仁德的心态。这心态也是德才兼备之人走向成大功大德的前提和基础，是德才兼备之人高素质的特征的体现，是我们学习的大道理和典范。

所以我们青年一代，作为一个中国人，一定要发扬中国的传统道德文化，提高道德修养，修心养性，拓宽心量，练好本领，提高业务能力，做一个德才兼备、成大功大德之人。

“才”的释义、境界和人生

一、“才”的释义

在古今名人圣哲的作品中，很难单独看到有关释义“才”或论述“才”的文章。但是社会的人和事都离不开才，任何一个家庭都希望把孩子培养成才，任何一所学校都在育才，国家也希望社会多出人才。至于什么叫作才呢？大家也比较清楚，才就是指人的才能。但其包括的内容却不太清楚，主要包括人的理念学识和社会实践学识、社会见解、社会能力和理论能力等，从这点也说明，才的界定是没有准线的，不同水准的人，不同社会平台上的人，对才的界定也是不同的。人有大才、中才、小才之分，又有天才、地才、人才、全才等之分，在这复杂的分类中，加上界定的平台标准又不同，因此什么是才，只可这样说：在不同的用人平台中，尽心尽力工作能充分发挥和创造出最大效益，也就是说用得最好的人才，就是有才。

二、“才”的境界——三才

才的层次、级别、种类繁多，但是用天地人之道来分类，古人早已划得一清二楚。《幼学琼林》中说：“日月五星谓之七政，天地人谓之三才。”可见才的划分标准，也可以说才在境界上可分为三才，即天才、地才、人才，且三才都具足可谓全才。

1. 天才及天才之人的为人处世

“天才”这个词语是人们比较熟悉的字眼，自古至今好多将才、帅才、谋士被称为天才，其实都不是天才。什么是天才？可以这样说，具有一定的天德，且又能知天命、天运、天时，并能用天德、天运、天时知识造福人民、教育人民之才就是天才。天才之人必须具备以下条件：

（1）崇高伟大的精神和仁、义、礼、智、信的道德人格；

（2）具有刚健不息的干劲；

（3）能识天体、天星、天球的运转的客观规律，同时又能用这规律造福人民；

（4）能识日月天时运转规律，并根据规律变化造福人民。

因此，翻开人类发展史，天才之人不多，主要有上古代三圣，即伏羲、炎帝、黄帝，他们用天之德及天运、天时教育万民，造福天下。老子《道德经》，孔子及弟子《大学》《中庸》《论语》《易传》等都属于天才之作。这些论著流传千古，全凭天下之天德、天运、天时以千古不易之大道理为依托。所以天恩浩荡，天德伟大，天才永存。天才是才的最高境界，天才与天德、天道准。

2. 地才及地才之人的为人处世

具有天才之人，一定具有地才和人才，但有地才之人就不一定有天才。地才是具有一定地德，又能顺天应人之才。由于地德的特点是温顺、谦恭礼让、厚德载物，故地才着重表现在心性、行为、性格上，即一个人心性温顺慈祥、谦恭礼让就是有地才之人。地才之人这种心性表现出来的性格、行为有四类：一是宽容包涵型性格行为之人；二是控制型性格之人；三是理智型性格行为之人；四是支持型性格行为之人。此四类品行、心性之人都是聪明、温顺、低欲望、仁信之人，且具有感悟敏捷、慧识本源、无为而行、包容简单、慈善万物、诚信孝顺的品行。

由此可知，社会群体中，具有这种优良品行性格的人是比较多的，即具有地才的人较多，特别是女性及社会上做文职工作的人，地才所占的百分率较高，所以一个人要具有地才，一定要培养出优良的心性和包容天地万物的心态，这样才能够真正拓宽自己的体量，广施仁德才能顺天应人，造福地球上的万物。

3. 人才及人才之人的为人处世

人才是具有仁德之才，仁德者，仁义也，故具有人才之人，必定是仁义之人。由于人才是在天才之下，地才之上，即在阴阳之间、刚柔之上，属人道，在这人道上就可不断提高个人的理想状态与主观努力，即人才包括理念因素和智慧因素两个属性。因此，一个达到智慧状态之人就是人才。

由于人才是“仁以爱之，义以正之”，高度智慧之人，且智是人的通达能力，而慧是人的聪明能力。因此，人才也可以用仁、爱、正、义、通、达、聪、明八个字来界定，其中仁、爱、正、义是前提，通、达、聪、明是结果。在这仁爱正义的前提下，人才可分为:

（1）理念通达型之人才

这类人才的特点是知识渊博，智商很高，有较高的理念、较好的理想，不计较得失，任劳任怨，具有较强的理解能力和处理问题的能力，基本上达到博学、审问、慎思、明辨的境界。在道学中可以说达到“为学日益”“为道日损”的境界。

（2）理念聪明型之人才

这类人才有好的理念和理想，思考问题灵机一动，理论性、知识性的理念、理想油然而生，但在实践或应用上，往往是想得到却做不到，即实际运作不够通达。这类人才缺胆识、耐力，且私利心高，欲望大，如果其道德水准能提高，性格又能和顺，贪心私利观念降低，即这些方面能达到和谐的时候，就能塑造出优秀的人格，就能开智化愚，启迪智慧，创造出非凡之成就。

（3）现实聪明型之人才

这类人才的特点是既有超前的现实理念又有相当的实际能力，同时又有聪明的人格。实践出真知，实践出智慧，实践出志向，实践出思维。这类人才对实践中所碰到的困难，往往通过聪明头脑，灵机一动，理论性问题表面上迎刃而解，但是实际操作起来往往不求甚解，不能善达，即聪明反被聪明误。人生的命运和事业，往往受到道德水平和自高自大自私的性格所限制。因此提高道德水准，降低欲望，降低浮夸风气，是其走向成功的必经之路。

（4）现实通达型之人才

这类人才之特点是为人做事既现实又有通达的能力，能讲信用，也很注重个人利益，懂得失。这类人属正数正算之人才，往往因小而失大，在社会群体中属中规中矩的人。这类人气量小，胆量也小，难成大器，做事缺感恩之心，难以得到高层次之人的提携和关照，在社会立体层面上，处处处于被动的局面。这类人才要成大器，必须拓宽气量，任劳任怨不计较个人得失，为人处事尽量多地使人感动，提高自身素质，力争向社会更高层面的方向发展，方可取得成功。

从学业和学识境界以及所取得的成功来看，人才又可分为：

（1）感性型人才

感性型人才的特点是博览群书，是死记硬背的教条主义者，对所学的知识无法审问和慎思，无法构成自己的知识体系，属书房派系的学者，这些人才，学识杂乱，无法归类，感性知识十分丰富，且学到的感性知识无法上升到理性知识，这类人才，心量也小，做事斤斤计较，胆子小，人生无建树，一辈子跟着书本走，跟着社会走，糊涂人生，觉悟较低，人生深层智慧无法发挥，属境界较低的学者。

（2）理性型人才

理性型人才的特点是学识渊博，经验丰富，对书本知识和社会实践知识不但能融会贯通，而且能取其精华。学识的境界达到博学、审问、慎思、明辨的境界，能把书本感性的知识通过社会实践升华为理性知识，并能把这理性知识及其自己发明创造的知识系统化，从而构成自己的知识体系。这类人才心量大，道德水准高，敬业精神强，人生有所作为，有所建树。这类人才属成功且有权威的人才。

（3）悟性型人才

悟性型人才的特点是以感性为前提，理性为基础，通过自性的发挥，进入明心见性的知识境界，能在理性的基础上，通过感悟创新，启开智慧，发明创造出新的知识理论，并能把新的知识理论通过社会实践的印证后，又进一步归纳、综合、加深、拓宽、创新，形成自己新的知识体系，并把这知识体系写成论著。这类人才，理论水平高，理解问题思路清楚明理，能通过所感所悟，升华知识层次，并把知识升华为智识后再升华为小智慧。这类人才的人生是小智慧人生，也是进入无为状态的人生。

（4）灵性型人才

灵性型人才的特点是除具有感性、理性、悟性型人才的特点外，还具有崇高的人格、坚强的意志，对比较复杂高难的问题往往通过灵光一闪，慧从心来，不但把问题解决，而且把复杂问题简单化，还能把这问题进一步升华出智慧；并在这出智慧的基础上，找到问题形成发展变化的规律，学习思考问题，活学活用，学识的境界达到博学、审问、慎思、明辨、笃行的崇高境界。达到这境界的人才，不是学者的人才，而是大师级的人才，是社会最权威人士，是国家的栋梁。

三、论全才及全才之人的心量和为人

从上面的论述说明，社会上人才多，天才少，全才之人更少。什么是全才之人呢？全才实质上是具有天才、地才、人才之人。也就是说三才具备之人，就是全才之人。

全才之人由于能识天地人之道，特别是具有优良道德、崇高人格以及高度的聪明智慧，他的思想境界和知识境界相当高，他看一般平常人的心态和前途在现在以至将来发展到什么程度，是好人还是坏人，可谓明心见性，故受社会人的影响小，基本上达到圣人无灾难的境界，特别是他为人处事与一般人差别很大，他做事的内心世界“不是做给人看，而是做给天地看”，他的气量处处以天地为准，故气似山河，量似大海，他的气魄大，包容人和事物之心如同大地般广博。

全才之人的心态与一般人的心态是完全不同的，小人的心态是唯利是图，阿谀逢迎，低三下四，奴才相十足。一般人的心态是中规中矩，即平常心的心态。独裁者的心态是高高在上。而全才之人的心态是怎样的呢？一个人的心态，也就是人的场态，人是一个整体，有体积的物质周围就存在磁场，因此人体本身是一个生物磁场。但是人体生物磁场的强弱与磁场的信息性质是不同的，而且在人与人发生关系上存在着磁场波长相同或相近之人才会相聚。其物以类聚的关系是：小人、一般人、独裁者的磁波长、频率一般是固定不变的，自以为是的；而全才之人的磁场信息的波长、频率是多变的，即全才之人的心态是可调可变的，特别是他遇到不同境界之人，总能用与对方的波长、频率相近的心态与之沟通及做事，使对方十分满意。因此全才之人，人见人欢，人人钦敬，和气致祥，品德高尚，为人处世达到神敬鬼钦人尊的崇高境界。

论“德与才”的关系及才德人生

世上之人不论是生育子女，还是培养子女都有一个共同的愿望，即希望子女长大后成为一个德才兼备之人。从父母愿望可知，要成才必须先成德，德是成才的前提和基础，才是德报的结果，是什么德的境界就造就什么才的境界之人。这也说明德与才是相互联系，相互促进的统一关系，但是在社会群体中，德与才之人也有对立的一面存在，这也说明德与才的关系是复杂的，是辨证统一的，其关系主要有：

一、无德无才之人

无德无才之人是小人，小人与君子的最大区别是：小人唯利是图，君子修身立德。小人不但无德，而且经常做伤天害理的缺德之事。无德无才之人，不懂天地之道，不懂人性。故为人处事，自私自利，气量小，做事目的性强，斤斤计较，贪小便宜，弄虚作假，鼠目寸光，人生定位低，偷工减料，不负责任，严重伤害他人和群众利益，深受人民群众的埋怨和责备，众望低下，人生消极，失道寡助，这样的人，其心态、理念一天天偏离群众，其前途、愿望、思想境界一天天坠落，一天天失望，最后致使离开社会群众，离开社会的中等阶层，最后坠落到怨天尤人、低人一等，由失败者组成的下流社会群体。这时他为人处世深受社会群众的责备埋怨，基本上和社会平常人之间可谓达到离心离德、怨声载道的地步。无德无才之人的前途、命运和事业已经无所着处，并深深地埋怨社会，埋怨国家、父母、朋友，更严重者出现怨天、怨地、怨人的情绪，整天满腹牢骚，走投无路时，心态消极，邪念百出，有些做出伤天害理之事，从而走上绝路甚至死亡。

现今社会，鱼目混珠，因此如何洞悉无德无才之小人，是社会选拔人才、交朋取友的一项十分艰巨的任务。无德无才之人在社会上的表现形式及对付方法如下：

1. 趋炎附势的无德无才之人

这类人在社会交往中，不懂诚信，不懂仁义，不懂人理，只懂得什么是权势，哪些人才有权势，怎样做我才能得利。在你有权势的时候，他指日高升，日日得利；在你失势时，特别是看到你大势已去的时候，他会落井下石，背叛和出卖朋友，为自己邀功领赏而得势得利。因此，在日常工作和生活中，趋炎附势之无德无才之人，要倍加提防，小心交往，千万不可有空子给他钻去而得势得利，否则后果不堪设想。

2. 阿谀逢迎、溜须拍马的无德无才之人

在现实生活中，无德无才之人遇到有权有势、有社会地位的人，他们的切入方法是：先来一套客套的语言及礼仪、礼物，再针对权势之人的工作特点和生活喜好进行阿谀逢迎，溜须拍马，希望博取对方的好感。对付这类无德无才之小人的方法是：

（1）心中永远铭记“阿谀者，我贼也”，要用名言来分辨小人，警惕小人；

（2）同此类小人交谈时，你只看小人演戏，千万不要入戏，不要随便表露心声，让小人感到无地自容而失去切入话题的机会；

（3）对此类小人，你千万不要给他名片，让小人有高不可攀的感受；

（4）若在你已无法切入的情况下，无德小人可能要阿谀你的朋友，这时你对他所阿谀赞美之人，可以故意说此人我不太了解，让小人全无阿谀的机会。

3. 造谣滋事、挑拨离间的无德无才之人

在日常的工作中，无德无才之人为了在工作中能够得势和得利，他们千方百计地对竞争对手进行造谣加害，加害的主要方法是针对与他有竞争力之人的缺点和失误造谣生事，挑拨离间，目的是使自己能在所在的岗位上得势得利。对付这类小人的主要方法有：

（1）在同小人工作中应采取中立、正气、正言的态度和按章办事的作风；

（2）少与此类小人开玩笑及聊天，平时少对周围之人进行评价，少说错话，少说伤害他人之话，让此类人无机可乘；

（3）本人的工作和生活作风的缺点不要随便在小人面前表露，为人处事言行尽量做到平常有理；

（4）千万不可与小人共同分享违法得到的利益；

（5）家人、好友千万不能与此类人交往，否则你会受到家人或朋友的连累而身败名裂。

4. 无中生有、喜欢说人闲话的无德无才之人

在生活和工作中，无中生有、喜欢说闲话之人是无时不有、无处不在的。这类无德无才之人，天生综合素质低，人理不懂，自私贪心，心眼气量小，有一点点使他心里不舒服或不顺心的事就经常无中生有，中伤对手。对付这类无德无才的小人的主要方法有：

（1）有远见，养正气，树威信，以强大威慑力、高深水平、有智慧的头脑，以无形的形式压迫小人，使他有一种高不可攀的感觉，使小人心头恶意恶念被慑服；

（2）对这类小人严加管教，如果一旦发现有无中生有或串闲话的行为，要严厉地批评及处罚，使小人尝到你的厉害，对你敬而远之；

（3）平时少与之交谈，少与之开玩笑。

5. 口是心非、两面三刀的无才无德之人

口是心非、两面三刀的无德无才的阴险小人的主要特征是油腔滑调，表面工作态度好，热情肯干，忠诚老实，能采取各种欺骗方式来迷惑对方，使对方坠落入陷阱，达到自己得势得利的企图。对待此类无德无才之人的主要方法有：

（1）要检查自己，持十分慎重的态度，尽量少与此类人交往；

（2）对此类人的为人处世，应听其言，观其行，重要的事情和任务千万不能交给此类小人去完成；

（3）如果此类小人想要在你身上得到利益，他就会先用花言巧语，再用欺骗的方式来诱惑你，你一定要提高警惕，识破其阴谋，才不会受骗上当。

6. 见缝插针、投机取巧的无德无才之人

此类无德无才之人，在社会为人处事，甜言蜜语，脸皮较厚，心量较细，善于察言观色，投机取巧，善于表现自己，压低别人，做事偷工减料，对做错之事不但缺乏负责的态度，而且把所出现的责任转嫁到别人身上；有功劳时又自吹自擂，炫耀自己的成绩，极爱面子，私利心大，见缝插针，极力图利。对待此类小人的主要方法有：

（1）在小人做小事图小利，无伤大局的情况下，睁一只眼闭一只眼，能忍则忍，退一步海阔天空；

（2）为人处世，尽量减少漏洞，少给这见缝插针的小人有机可乘；

（3）把小人安排到次要的工作位置，特别是安排到无利可图的部门，使其无法得利。

7. 私利膨胀、出卖同事和朋友的无德无才之人

随着社会的不断发展和进步，社会的立体层次越来越明显，社会上无德无才之小人在社会不同的平台上也有不断的发展。当这类小人在平台上得势得利之后，一部分就可以从这个平台跨越到更高一级的平台，当他到了更高一级的平台后，他的精神、物质及其生活的欲望也大大增加，特别是他图利的欲望，从而导致私心膨胀，同时又在新的平台上觉得原来旧平台上的朋友已经失势失利，无利可图，进而出卖朋友，加害朋友。这类小人的主要心迹是：在比他平台低之人面前，显得高高在上，得意洋洋，目空一切，装模作样，炫耀人生；在比他平台高之人面前则是阿谀逢迎，恭维，奴才相十足。对待此类人的主要方法有：

（1）高瞻远瞩，居安思危，分辨小人，不要给这类小人可乘之机；

（2）不要把推心置腹的话告诉这类小人，特别是对他人存在意见分歧的人和事，千万不要告诉给小人知道，否则可能招来不测之祸端；

（3）要把你得势之长处在此类小人面前不断显示出来，使他感到你势力强大，从而迫使他暂时不敢出卖你。

二、有才无德之人

当代社会，由于过分注重文化教育，忽视道德教育，特别是从古至今，

对“道”“德”还无法释义，使当代学生不懂道德，道德水平低下，从而使当今社会之人的文化知识水平高，道德素质水平低，很多人缺德或无德，导致出现了不少有才无德之人，这里之才，在三才中狭义的是指人才，或更狭义的角度是指才能，即有才能而无德性之人。

在三才之中，一般具有天才之人就具有天德，具有地才之人就具有地德，具有人才的人具有人德。即从严格上说，有才的人就有德，所以这里有才无德之人，就是有一定小才能而无德性的人。

1. 有才无德之人非君子

有才无德之人由于无德，即不懂天、地、人之德性，缺乏天行健，君子以自强不息，坤造势，君子以厚德载物之精神，在人道，君子以仁爱正义之精神。因此有才无德之人，由于缺乏君子之精神，故此还属小人之流。

2. 有才无德之人的心态

有才无德之人，由于不懂天地之道，特别是不懂天理，故为人做事，处处与人相比，即做事做给人看。因此，他心胸狭窄，心量小，心气杂，无正气，心眼低，心性固执，心结紧，为人小气，做事斤斤计较，思考问题单一、直观，眼光短浅及现实，易感情用事，自私自利，唯利是图，缺乏集体协作精神，心智不足，心境不开心，觉悟不高，对自己点滴才能自以为是，自高自大，心理场态杂念、邪念多。故在这执着、死板的心态与思想结合下形成一股作风不正、欲望较大的磁力，在这磁力的影响下，使他做事不是尽心尽力，而是尽责尽力。故他的小才能无法发挥，从而导致老板不重用、不信任，一辈子消极甚至走上“怀才不遇”之路。

3. 有才无德之人的学识境界

有才无德之人学识短浅，知识水平只停留在感性认识的知识境界，表面看他的知识好似十分渊博，讲起理论知识来头头是道，对学过的知识严重缺乏审问、慎思和明辨精神。故全盘依靠书本知识，严重缺乏社会实践，他掌握的才能和技术都是一些粗浅东西。由于为人心执，气量小，不开心，人生无法上较高的境界，心志不通，故在才能上也难以进步。有才无德之人，只是有一点小才能之人。

4. 有才无德之人的结果

（1）“怀才不遇”之人

有才无德之人，自以为是，固执，小气，爱计较，再加上无自强不息的奋斗精神和厚德载物的品行以及对人缺乏仁义之心，因此身边自然没有好朋友，做事斤斤计较，老板也不重用。故有才无德之人自然走上“怀才不遇”之路。

“怀才不遇”之人多半是些庸才，一辈子多半没有成就，他走上这“怀才不遇”之路不是外因造成的，而是他内因的德性、心态、为人处世造成的。他自恃清高，看不起那些能力和学历比较低之人，他满腹牢骚，到处诉苦，真是人见人怕，一说起话来，开口就骂人，批评同事、主管、老板，怨恨社会，然后就自吹自擂，炫耀自己的才干，你听他谈话可点头称是，切不可逆其意，否则也会对你大骂一场。

“怀才不遇”有才无德之人，由于怨天尤人，与广大人民群众的关系日渐离心离德，逐渐堕落为人渣，人生走向灭亡。

（2）有才无德之人的成功之路是遥远的

有才无德、“怀才不遇”之人，其实没有什么才，恃才傲物，自以为自己很有才能，其实是无才，特别是用上面对“才”的释义来解释，更加无才。由于“怀才不遇”之人身边没有真诚的朋友，又没有老板的提携，在社会发展过程中严重缺乏外力的引力和抬举力，同时加上他本身勤力、动力、创造力也不足，在社会为人处世，人理、人性不懂，无道无德。故此类人的成功之路是遥远的，大多是一事无成的。

三、有德无才之人

有德无才之人，这里的有德包括“天行健，君子以自强不息”“坤造势，君子以厚德载物”“在人道，君子以仁爱正义之德”。因此，有德无才之人是君子，这里的有德无才是指既无天才，又无地才和人才，但还有一定的能力。这类人的发展趋向是成德但不成功之人。

1. 有德无才之人的心态

这类人的心态是任劳任怨，温顺仁正，谦恭礼让，志存高远，崇高伟大，自强不息，极力进取，勤劳俭朴，仁爱正义，心里场态正气十足，能上能下，能屈能伸，到处受人尊敬，心量大，人生低调，心性善良，做事尽心尽力、按部就班，感激父母朋友，且与广大人民群众的关系是日益同心同德，境界较高，责任心强，不管发生什么困难，他都能保持良好的心态和坚强的斗志，与同事、主管、老板之间关系可谓心连心，是社会上诚信之人。

2. 有德无才之人的学识

此类人学习少，见识浅，学历一般较低，思考问题的理解能力较差，对所学的知识未能活学活用，变通能力极差，人生自律自学积极性大，但学习效率低，效果差，读书死记硬背，未能理性地抓住规律，从而致使其主观能动性无法发挥，到了社会掌握技术和业务能力都很低，做事按部就班，服服帖帖，属事倍功半之人。

3. 有德无才之人的前途

（1）企业财物主要部门管理员

有德无才之人，才疏学浅，能力较低，但心性慈良，品行端正，仁爱正义，自强不息，工作的责任感强，道德素质好，心态好，人生欲望小，为人处世尽心尽责，忠心耿耿，是最讲信用、最可靠、最忠诚厚道之人，因此这类人一般最适应于企业财物部门工作，如仓库主管、财务主管、出纳员、采购员、统计员等。

（2）勤劳无所为之人

此类人，由于能力差，水平低，有崇高品行和道德，但要补其不足唯一的道路是靠勤力，只有靠勤力才能取得小成就。因为他是君子，所以他勤奋的心态、行为、理念与小人是大不相同的，即小人以勤图利，君子以勤立德。小人之勤在尽责，君子之勤在尽心。一个有德之人，心志相通，刚柔并济，心态平衡，感恩之心浓厚，品德高尚，一身正气，在真正尽心尽力勤奋工作的前提下，矢志不移，立场坚定，前途光明。勤奋是有德之人的美德，通过勤奋工作，方可补其不足，启迪智慧，提高业务才能，培植美德，通达人理，拓宽心量，不断提高自身人生价值和社会价值，使自己通过勤奋逐步走向小康，是一个无为、品德高尚之人。

4. 有德无才之人是一个积德不成功之人

有德无才之人，由于德性好，身体健康，心量大，气量也大，一身正气，做人做事的理念是“堂堂正正做人，认认真真做事”，注重道德、品德、仁义，但他工作能力低，业务水平不高，无创新创造能力和独立工作能力。因此他一辈子只能算是有诚意、成德，但不成功之人。

四、有德有才之人

有德有才之人，也成为德才兼备之人，这里的德包括天德、地德、人德，这里的才包括天才、地才、人才，从这一点也说明德才兼备之人有广义之意和狭义之意。广义之意是全德全才之人，成为德才兼备之人；从狭义上看，德才兼备之人可分为：

1. 天德天才兼备之人

天德贵在崇高伟大、刚健不息，天才贵在具有崇高伟大的精神和崇高伟大的道德，深识天地人之道及宇宙自然发展变化之规律，并能用此规律应用于人类，造福人类以至万物，地德地才、人德人才属天德天才的其中一小部分。因此具有天德、天才之人，一般也同时具有地德、人德、地才、人才的德性、人格和智慧。为人处世，思想境界高，有超人一等的智慧和才能，看问题明心见性，对人对事看破放下，私利心很小，一生公利心大，时时刻刻都把造福天地、造福社会民众放在第一位，基本上都是德高望重得道之人，基本上已进入或到达圣人之境界的人，他的言行及论著也达到天地人合一明道的崇高境界，且其著作能对世人教化深远，堪称流芳千古，万事受益，是成大功、成大道之人。

2. 天德地才兼备之人

此类人具有天德的崇高伟大、刚健不息精神，又有平等、心体离念、应用无染的品德，又有心性温顺、谦恭礼让的性格，是礼仪之邦文明之士之才，包容人、同情人能力强，是社会之智者，又是社会之仁者，孔子曰“智者乐水，仁者乐山”。智者仁者贵在参赞天地，化育万物，是人生最高的境界。顺天应人，其功德在于造福人类，造福地上万物，使地球上的生态系统能健康平衡，不断向前发展。因此，具有天德地才之人，进取心强，境界相当高，温顺善良，以礼服人，以德教人，行善积德，是德泽绵长之人。故天德地才之人，既是一个成大德之人，又是一位成功之人。

3. 天德人才兼备之人

天德人才兼备之人，具有崇高伟大、刚健不息的道德，以及仁爱正义之精神和毅力，还拥有超人一等的才华和智慧。这类人的特点是自强不息、积极进取、道德水平高、才华横溢、智慧超群、能力强、心态好、思想境界高，基本上达到博学、审问、慎思、明辨的境界，依靠其聪明才智，能把学到的理论知识转化为理性知识，并把一部分理性知识升华成智慧，对掌握的技术能精益求精，又能开拓创新，人生的着眼点在于如何把所发明创造的有益知识教育人类，造福人类，把所取得的成就回报社会，这类人属成大器、成大德又成功之人。

4. 地德天才兼备之人

地德天才兼备之人，具有温良和顺、谦恭礼让、文明理智的德性，又有默默奋斗、自强不息的刚健才能，具有顽强、勤奋、刚毅的意志。这类人心态好，心量大，气量足，心性温良，品行端正，做事刚柔相济，以理服人，为人处事尽心尽力，碰到问题往往通过天生特质，灵光一闪，计从心来，有超人一等的聪明才智，又有良好的道德风范，工作能力和业务水平都高人一等，学识渊博，天资聪颖，才华横溢，学业造诣高，学术境界达到无为或无所不为的成道境界，自成人间权威，堪称万民表率，是一个成大功、成大德的权威人士。

5. 地德地才兼备之人

地德地才兼备之人，为人处世温文尔雅，和顺厚道，谦虚礼让，敬业爱岗，心胸开阔，心态好，一身正气，心量大，包容心大，有“大肚能容天下难容之事”的胸怀，性情好，品行优良，人格宽厚伟大，素质高尚，能以身作则，有老黄牛默默耕耘的精神，不求功名利禄，无私利之心，有公利有益之志。潜心向学，学识广博，学业达到博学、审问、慎思、明辨之境界，学业知识能从感性的理论知识升华为理性知识，对治理政务和领导管理已达到“仁政忠道”“清平明理”的境界。虽有聪明才智，但在为人处事中，比较低调，能做到“知者而不炫耀，聪明者宜敛藏”。做事能行君子之道尽心尽力，处理问题以理服人。这地德地才兼备之人，不但是一个成德成功者，而且还是一个权威的理学家。

6. 地德人才兼备之人

地德人才兼备之人，具有“坤造势，君子以厚德载物”的德性，又具有仁爱正义的才能和崇高人格。此类人为人温文和顺，心性相通，心胸宏大，心地善良，气量大，仁爱正义，谦虚诚信，品质优良，待人接物彬彬有礼，举止风度落落大方。其人性格好，勤奋好学，悟性较高，能把所学的知识通过明辨之后，取其精华，进行理性分析，加强感悟，从而升华为智慧。智力好，慧根好，且有好品德和人格，是地德人才兼备之人的主要标志。他的人生基本上是厚德智慧的人生，他的智慧才能是建立在仁爱正义的基础上，他的人生也是幸福快乐的人生，是成德成功有大智慧的人生。

7. 人德天才兼备之人

人德天才兼备之人，具有仁爱正义之德性和自强不息、崇高伟大的才能，此类人为人处世以仁爱正义、外施于礼、平等、心体离念、应用无染之仁德为基础，为人真心平等，文明礼貌，心地仁慈善良，具有正气正义，都是社会上仁义之人，他处事高度聪明有智慧，对社会的人和事及其学习全靠聪明智慧的天资，灵光一闪，超凡脱俗，显示出高人一等的智慧和才能。他思想超前，洞察力强，思路清晰明理畅达，办事及学习自强不息，才华横溢，志存高远，理想崇高，堪称人间奇才。他的人生既是聪明智慧的人生，也是成人成德成大功有大智慧之人生。

8. 人德地才兼备的人

人德地才兼备的人具有仁爱正义的德性和谦恭礼让、温顺厚道的人格。此类人为人处世仁爱正义，义理并存，虽才高于世人，但无高傲之心，温顺，礼让，恭敬，才能内敛，工作尽心尽力。嫉妒心全无，本身又有知识，有才能，对贤能之人不但不嫉妒，而且尽量向上级领导推荐，尽量使贤者之才能得到发挥。对人的缺点及不良行为，不但能包容，而且能用通达之理对之教诲，做到以理服人。这类人人缘好，人气旺，往往是一个单位中最受尊敬的人。这类人的不足是德的观念不高，做事及为人只达到做给人看的境界，而未达到做给天地看的境界。这种人的积功累德，可以这样说，只积人德，没有积天德和地德，这种人只算是成功之人，而不算是成德之人。

9. 人德人才兼备之人

人德与人才兼备之人，具有仁爱正义之德，又具有仁爱正义之才能，同时又具有高度的智慧和觉悟。与人相比，具有较强的才能和较高的本领，为人处事最大的特点是为个“义”字，在义的基础上行仁道。一辈子只行仁道，即人道，并在仁的基础上，讲爱行义，他讲的爱只能在人道上讲仁爱，不会讲大爱或博爱，讲的义只能在人道上讲正义、义气或义理，在人生最紧要的关头，他可以“舍生取义，杀身成仁”。为人正直、忠诚、威武不屈，才华横溢，恃才傲物，性情刚烈，立场坚定，爱憎分明，高度智慧；处事义理通达，聪明，能把聪明智慧和高超的才能尽心尽力地为义者服务，为仁者牺牲。对不仁不义者，恨之入骨，是一个“不为三斗米折腰”之人，不攀附权势，不搞阴谋诡计。此类人才在当今社会以及中国古代都是占此最多之人才。历史上有名的“桃园三结义”，刘关张的德性、才能及人生所走之路，以至最后的结果就是一个说明人德人才兼备之人的好例子。此类人处事及境界都只局限在人道，用天地人之道来评价还是缺天德、地德、天才、地才之人，这类人属成小功积小德之人。

论德才兼备之人的胆量、胆识、胆略、胆智与成功

德才兼备之人胆略是超凡脱俗的，一个人在事业发展的道路上，如果想要取得成功，那么，气量是前提，智慧是基础，胆量是关键。一个人的成败，全是由胆智决定的。不同的人的胆智是不同的，有的人有胆无智，有的人有智无胆，德才兼备之人与众不同之处就是有胆有智，胆智兼备，方能超凡脱俗，方有新的、超前的理念和思路，方可成大功大德，可见胆智对一个人的成败起决定性的作用。

一、人生最大憾事：想得到的事永远做不到

纵论社会人生，人类发展史中，你知道人生中最遗憾的东西是什么吗？特别是对一个有远大志向而不成功之人来说，最遗憾之事是“你想做到或得到的事，一辈子都做不到或得不到”。你一辈子已经把想要做之事的思路、策划设想得一清二楚，心中的美好蓝图早已描绘出来，甚至把运作过程办法和所遇到问题及解决方法、 结果都估计出来。这说明你有识、有略、有智，但是为什么做事一拖再拖，老是不敢动手，干出一番事业呢？因为你的欲望太空虚，害怕万一失败永生抬不起头来。一句话，你太无胆量。所以一个无胆量的人，一辈子最大的憾事是“想得到的事永远做不到”。

二、德才兼备之人的胆量、胆识、胆略、胆智

1. 德才兼备之人的胆量

胆量是一个人成败的关键。胆的量度与人的欲望直接发生关系，一般欲望大的人，胆量大；欲望小的人，胆量小。人生奋斗的实质是多数人为实现和满足自己的欲望而奋斗。人生奋斗过程，也是人实现欲望的过程，在欲望实现过程中，物质欲望越满足、越充实之人胆量就越大；物质欲望越不满足、越空虚之人，胆量越小。所以一般人的胆量深受欲望大小和欲望满足程度的影响。这样之人的成败得失是以短期行为来衡量的。德才兼备者的胆量与一般人是不同的，他追求的欲望有物质欲望和精神欲望，及造福天地人欲望，且欲望追求过程不是执着的、自私的，而是顺其自然的、合理的、公益的，又欲望的实现过程是多年的或长期的，是有形和无形共同实现的，加上德才兼备之人承天地人之大德大才，做事思路、策划、运作、结果是明理明智的。故德才兼备之人，胆量大，是能成大功大德的先决条件之一。

2. 德才兼备之人的胆识

一般人的胆识与德才兼备之人的胆识差别很大。因此看问题的切入点、切入面、境界和感悟是不同的。一般人胆识大小是由物质欲望及满足程度决定。故看问题的见识浅，单一性强，大多是点对点、利对利、有形对有形，直观，片面，看表上多，看实质少，看事物的潜能和所带来的效益及发展前途更少。他的胆识是现实的，短期的，做事时跟人走的。德才兼备之人胆识大小是由有形与无形及天地人的欲望决定的，故看问题见多识广，看表面和实质，注重理论与实践结合，思考问题的思路是点对点、点对线、线对线、线对面、面对面、面对体、体对体，有简单思维，有复合思维，有纵向思维，有横向思维，还有创造性思维等。看事物注意潜能和所带来效益及发展前途，且能从长计议，长远地考虑所带来的社会效益，有独立创新的胆识，有超前超人一等的理念，是行业的行家和领头人。

3. 德才兼备之人的胆略

一般人的胆略是感性的、糊涂的、跟人走的，因此他的人生与事业发展之路是不清晰的、杂乱的、随意的。遇到小小的挫折和困难则灰心丧志，半

途而废，这类人胆略不足，心理承受力小，故容易走向失败。而德才兼备之人，胆量大，胆识广，是个雄才伟略之人，具有“运筹帷幄，决胜千里”的胆略，他具有有形胆略和无形胆略以及超人才能、良好道德。他的策划不会凭空设想，而是根据天地人之道，通过三思而后行，三思主要是思天时、思地利、思人和。他为人处事尽量发挥其聪明才智和伟大德性，尽心尽力大胆地策划出具有现实意义又有超前创新意识的理想蓝图，并在这美好的蓝图中大胆施展才华。胆略是理性的，是从胆识基础上不断升华的，由于德才兼备之人的胆略是理性的，切合实际的，因此在成功之路上是能应运而生的，他走向成功的概率是相当高的。

4. 德才兼备之人的胆智

胆是一个成功者的先决因素，智是一个成功者的必备因素，胆智是一个人能否成功的关键。德才兼备之人，在人生路上，胆量大的人冒险精神大，执行能力强，雷厉风行，说到做到，胆量大之人消化社会出现的各种问题能力强，吞吐吸纳社会物质，既能明道，又能笃行，对各种事情的发展变化过程及结果都明心见性。他与一般人的最大差别是一般说得到做得到之事，他也一定做到，一般人想不到做不到之事，他也想得到，一定做得到。碰到问题，往往智慧一闪，新的解决问题的方法和方式油然而生，应变能力强，胆智大，心放得开，且德才之人由于仁德待人、为人、帮人，深受世人的感动和尊敬，他的仁德行为在世人的认可中、感激中、相信中。因此他不管做什么事，走什么路，总是能得到一大批朋友尽心尽力的支持。所以，德才兼备、胆智超群之人，他的成功成德是指日可待的。英雄有用武之地，他一辈子成就大功大德之事是想做到的事永远做得到。

论德才兼备之人的境界

人的境界是多样的，主要包括物质境界、精神境界和性境界三大方面，这三大方面又包括治学境界、为道境界、政治境界等。由于人们为人处世的思路、理念、行为、欲望、追求不一样，所以不同的人境界是不同的。小人以追求物质境界为主，君子注重追求精神境界，而德才兼备之人以追求精神境界和生活境界为主，物质境界为辅，且在这些领域里，着重追求治学境界和为道为德境界。

一、德才兼备者得物质境界

人的物质境界是指人们对物质资料数量、质量、层次、等级的追求行为。物质境界包括温饱型、小康型、豪华型三大部分。但是德才兼备之人，德性是平等的，心体离念，温顺豁达，崇高伟大，自强不息，仁爱正义。他为人处世欲望小，心胸阔达，明理，故所追求的物质境界是低级的，平等的，大众化的。他的物质追求是求温饱，在温饱的基础上求得心安理得，开心明道，自在，为人真诚，自由幸福，并能把崇高道德和高素质的涵养释放显示出来，使世人得益，受世人感动，多为世人的楷模。

二、德才兼备者得精神境界

德才兼备者对精神境界的追求必须以物质境界为基础，即在温饱的物质追求的基础上，使自己的心感到已经无后顾之忧，这时心才能安定下来，一天天把心结逐渐打开，做一个真正开心的人。心结打开，人的理念就能得到升华，感性知识才能真正升华为理性知识，在理性知识的基础上才能出智慧，从而进入智慧人生境界，为人处世自然上一个高新的台阶，站得高，自然看得远，对社会人和事自然看破放下，对自己和朋友以及社会之事，就能在达到明理或明道的状态下，有“独上高楼，望尽天涯路”的精神境界，做事的理念、思路、策划、蓝图、运作、结果全部呈现在心中，这时你的为人处事就达到天地人的精神境界，你自然就感到无限自由、开心、幸福、快乐。但是遗憾的是，由于人心态和道德教育不足，人们在获得温饱的基本欲望之后，更加变本加厉地追求物质境界，不追求精神境界，这样贪得无厌的追求下，出现贪婪之心，使他物质层次高，但一辈子过得十分不开心，为人处世唯利是图，自私自利，这样的人生是不幸福的人生，只是动物性的人生，这类人的终极定论是“为自己生，为自己死，为自己家而生，为自己家而死”。人生对社会极其没有贡献，没有意义。而德才兼备之人生是开心人生、觉悟人生、智慧人生，他的人生终极定论是“为国家而生，也为国家而死，也为人类而生，为人类而死；同时也能把他的聪明智慧流芳千古，造福子孙后代，他的人生境界是光荣的、崇高的、伟大的、智慧仁义的人生，是成就大功德的人生”。

三、德才兼备者的为道为德境界

德才兼备之人由于是崇高伟大、温顺、品行优良、有智慧及才能超群之人，因此也是成名成家之人，是最易得道之人。而得道之人，在立德的基础上，存在四个不同层次、不同境界之人，这些人的道德、行为、才能也存在很大的差异。

1. “为学日益”境界德才兼备之人

“为学日益”境界是德才兼备之人成德成道的基础。这类人学识渊博，理论知识水平高，感性知识十分丰富，过分相信书本知识，自恃清高，天天学习，天天得益。但对书本知识缺乏审问、慎思精神，无分门别类进行归纳总结，明辨是非能力差，学业无突破，学而无用，无法消化形成系统化理论。这德才兼备之人，境界低，过分依靠书本知识，一辈子跟人走，人生思路糊涂，中规中矩，人生有小成功而无大建树。

2. “为道日损”境界德才兼备之人

“为道日损”境界之人，在学识广博、为学日益的基础上，通过社会实践活动，已经能把感性知识升华为理性知识，治学进入明辨的境界。故对所学的书本知识和社会知识都能去伪存真，取其精华，结合自己的专业知识，形成一套属于自己的系统理论，并能把这系统理论运用到社会实践中。这类境界的德才兼备之人，对人生、对社会、对问题的解决以及发展变化道理已经看得通通透透，即达到“独上高楼，望尽天涯路”境界，这类德才兼备之人已成为得道之人，同时又是成功成德成才之人。

3. “无为”境界德才兼备之人

“无为”境界德才兼备之人是以“为道日损”为基础，人生在明辨以及“独上高楼，望尽天涯路”的基础上，是非、前途、志向、理想十分分明，能把学到的理论知识结合自己的专业理论转化为智慧，使之进入明道状态，并能在转化过程中把所构建的知识体系进一步加深、拓宽，并写成或形成属于自己的论著或知识结构，且这知识体系虽未公开于众，但捷足先登者，或自走上门求学者甚多，并能得到这些人的认可和传播。这类德才兼备之人是成大功、成大德之人。

4. “无所不为”境界德才兼备之人

这种境界德才之人，把自己完整的知识体系及论著公开发表后，得到了社会学者的认可和赞扬，并能对原来的系统知识起着加深、拓宽、创新、发展的作用，同时又能使学者读后对学问更加明理、明道，又能造福社会，回报社会，启迪社会人进步，使之成为行业宝典。这类德才兼备之人，必是行业权威之人，又是社会大功大德之人。

因此德才兼备之人的人生境界是崇高的、伟大的、明理的大道，也是人生成功成德的大道，是人生学习的榜样。

第五章 易学的妙悟

“一六八”的易学数理与悟意

现今的人们，不管学历高低，在理解社会和人文问题方面都太直观，太复杂，太缺理性；有的太虚荣，太讲究排场，这也是社会化的表现。其原因是今人太没有中国深层文化知识。中国的深层知识实质上是“易”与“道”的知识。

上述问题主要可以从下面两个例子来说明，一个是从你本人的履历表上的学历或者毕业学校，有百分之九十九以上都是填写“硕士”或“本科”、“大专”，毕业学校都填上“××大学”，没有一个是本科学历，却填上“高中”或“小学”。这填表没有规定最高学历，随便填一个你读过的学校或者全部填上才符合要求，这不是太直观、太虚荣、轻浮、爱面子吗？另一个例子是对“一六八”的理解，中国社会上之人都认为“一六八”是最好的数字组合，原因是社会上之人对“一六八”的理解为一路发财，为吉兆。“八”就是“发”，这种习惯性理解使得很多愚蠢之人随大流，手机都是8、6或者1，车牌号码也如此。这种行为实在有些愚钝。“发”不仅可以“发财”，而且可以是“发祸”，便绝非吉兆了。中国的数码从易文化的角度，个个都是可用之码。世上物质发展变化都是相对的，数码组合即卦的组合，组合合五行生化，又合天地人之运，就是吉码。所以应用数码时，不要过分迷信。

“一、六、八”之码，从单一而论的确是吉祥之码？这要从中国文化的深层结构上而论。“一”之数为阳数，表示文曲星，文曲星是吉星；“六”

是武曲星，也是阳星、吉星；“八”为左辅星，也为吉星、阳数。在近二十年内为旺气、财星。所以“一六八”之数意义上为吉星高照或三星拱照或三阳开泰的吉星意义，这才是此数的真义。

“一六八”是吉祥之数，但吉祥之数不是对任何人都起到好的作用。如果你本性属阳数，即你阳气过足，用这个数则阳上加阳，犯孤阳不生，阳刚易断，则事故反而增多。如果遇本性阴性过盛之人，则阴阳平衡，和顺吉祥。

因此，做人做事最好不要太偏激，太虚荣，要有理性，有独特的思维和超人的才智理解事物，分析事物，做一个有聪明才智之人。

“天南地北”的易学真义

“天南地北”这一词组对没有学过易学的人来说是无法理解的，易学是群经之首，至今有六七千年的历史。易学是国学之根，道学是国学之本，古代、近代其他学说，都是国学的枝叶，不懂易学和道学就等于不识中国传统文化。因此，中国的文化包括字、词、句，都深受易学的影响。“天南地北”这一词组的解释是一个典型的范例。

天为什么是南，地为什么是北，对没有学过易学的人来说，是无法解释的，但对学过易学的人来说则轻而易举。

天为什么是南？在易学先天八卦方位上，乾为天，为尊长，为父，在南方，所以乾在南即天在南，故叫天南。天南之德表示崇高伟大、刚健、自强不息，天南之后天八卦丙火是元神，主礼，因此天南的行为是以礼待人。

地为什么是北？在易学先天八卦方位上，坤为地，为母，在坎方，坎为水，在北方。故地的先天八卦方位在北，即地北。其德为温顺、谦恭礼让、厚德载物。在后天八卦，坎为水，为元精，主智，所以地北之人是智者。

天南地北，是易学先天八卦方位，有天地之道，乾坤之德，才有男女精神之大道理。

“三心二意”的新意和感悟

“三心二意”一般人只理解为贬义，其实这个词语在人性上还是具有褒义的解释。而在易学上，“三心二意”更具有深层的意义。

“三心二意”在词典上的解释是指为人做事优柔，犹豫不决，即贬义的理解。但在社会人际交往中，人与人之间的交往是“心意”的交往，其交往的程度在人与人之间有“尽心”“专心”“有心”即三心的交往，也叫心往或心交。无心交之友也叫意友，意友即“有意”和“无意”两类。所以人与人的交往可具体细化为“三心二意”的交往。如果你能学会这“三心二意”看人生，交友做人处事思路就十分清晰，一般碰到问题急需朋友帮忙切要记住：小事找“无意”或“有意”朋友就能解决问题，小事千万不要请“专心”或“尽心”朋友，中等之事找“有心”朋友协调解决，大事一定要请“尽心”朋友解决。同时要学会细化分辨人与人交往感情深浅的方法，这样就会明辨是非，对碰到不同的人和事，选择不同“心意”朋友，帮助解决达到最有效，同时对朋友才不会表错情、会错意、做错事。

“三心二意”在易学上的理解有深层的意思，在易卦上，一卦有六爻，一、二爻代表地，地有地心，表刚柔；三、四爻代表人，人有人心，表仁义；五、六爻代表天，天有天心，表阴阳。所以在易卦上，“三心”指天心、地心、人心，“二意”指一卦二意，合为三心二意，或者合为三心六意。但是作为人道之人，人生为人处事的准则必须具备天地人三心和人道上仁义二意，才是正三正四之人，否则都属“不三不四”之人。

“三心二意”在易学数理即易数上，“三”后天八卦是震卦，卦象为雷，五行属木；“二”后天八卦是坤卦，卦象为地，五行属土；三与二之数组成的卦有“雷地豫”，即豫，木克土为小人、口舌、是非，所以三心二意之人为犹豫不决的小人，故在人际交往或合作伙伴上，与三心二意之人为伴为友是很难取得成功的。

因此，在中国易学文化十分丰富的社会中，对中国文字的字词句的理解，往往都要通过社会实践，在实践中感悟其真义，通过人事真义才能认识世界，认识人生，千万不能做一个三心二意之人，而要做一个细化或者具体易学立体层面的“三心二意”之人，前途才会光明，事业才能顺利。

悟语

三心二意看人生

“三思而后行”的易学道理

“三思而后行”可谓中国人处事的一句古训，其一般的释义是：不管打算做什么事，都要认真细致全面权衡和思考之后才能落实、行动。但这一般释义实在太泛，特别是用这种释义来思考问题时，则感觉到其深度、广度、宽度等方面实在太虚幻，太令人难以理解和捉摸，而且这种不明朗的思维和解释，往往造成丧失成功之商机。孔子说过这样的话：“一思一可，二思则乱，三思而大乱。”

“三思而后行”对不同境界和水平的人来说，其释义是不同的，其中之道，实际上是天地人之道，这里的三思在易学上是指思天、思地、思人，即任何一个人不管做什么事或到哪一个地方求发展，好与不好，只要从天时、地利、人和这三方面权衡利弊，就可以决策，就可以决定行动。

一、思天时

思天时，主要思考发展此类事业的时间条件和空间条件。若此类产品或此行业适合这种时空条件的时候，这类事业就会应运而生，前途光明，事业就有所发展，成功的机会就大。若所要发展的事业，不符合目前的时空条件，即超出目前的时空条件太多。目前生产力发展水平还未适用，或落后目前的时空条件即淘汰之行业者，都是不能应运而生的，行业发展前途暗淡，事业难以成功。因此思天时，实际上就像农民种地播种的节气一样，适时者就会发芽、生长、开花、结果，就有收获；不适时者，种子不但没有发芽，而且会烂掉，徒劳无功，无可收获。

二、思地利

思地利，实质上是思所发展的地方有利和不利的地理条件，到一个地方发展思地利，主要思自然地理条件、自然资源条件以及人文地理条件等方面，具体包括：

1. 思所处地方地理位置的有利与不利方面；

2. 思所处地方地形、地势、地貌对人文及所要发展之行业的利弊；

3. 思所处地方的水文条件及对人文和行业的影响；

4. 思所处地方的自然环境及自然资源对人文及事业发展的优势和劣势；

5. 思所在地方的天气、气候特征对人文及行业影响的利弊；

6. 思所在地方及周边的公共设施对人文工作效率及生活质量影响的有利方面和不利方面；

7. 思所处地方行业的基础及行业与行业之间的相互协作关系、目前发展的现状和未来发展的前景。

思地利一定要细心思考，全面权衡有利和不利两大方面，特别是思考不利方面是否有补救或克服问题的方法。思地利实际上也像农民种田一样，田地是否肥沃，灌溉是否便利。如果土地肥沃，灌溉便利，加上播种的天时符合种子萌芽、生长发育的时令，就能获得收成。

三、思人和

由于和之最高境界是与天地准，所以思人和实质上是思人与天地合一，即天、地、人三者达到平衡的时候，就是人和。人和实质来说包括人与天和、人与地和、人与人和三大方面。其中人与天和是前提，人与地和是基础，人与人和是关键。

1. 人与天和

人与天和，主要包括人与天和德、和运、和气。和德主要是人为人处事要以天德为榜样，以学习天德之崇高伟大精神、刚健不息的高尚品德为准则。和运就是人要识天之道，要识天体运转的自然规律，只有识天运，才懂得人与天和谐，这样之人为人处事，才能应运而生。和气是在识天体运动变化、自然规律的基础上，认识这规律对人地之气场的影响。只有人体气场地球气场与天体运动气场同步和谐，人体之气和谐平安，物以类聚，自然带来平安吉祥之信息，从而达到和气致祥、喜神多瑞的运气，自然就能和气生财。

2. 人与地和

人与地和，主要是指人与地德和、人与地运和、人与地气和三大方面。

人与地德和，主要是指人要以地德的温顺、谦恭礼让、宽厚博大为做人做事的准则，做个温顺、谦恭礼让、厚德载物、理性智慧之人。

人与地运和，指人要识宇宙天体对地球运转自然变化的规律及地球本身运转变化的规律，同时要与其变化规律和谐，达到人地合一，你就能顺应地运，应运而生。

3. 人与人和

人与人之间要达到和谐，除要大家知道大的理论是人与人一定要平等之外，关键是人的心态应随人而变，遇到常人用常人平等的心态与之沟通和谐，遇到小人要用君子感人让小人达到图小利的心态和谐，遇到君子要以高尚的品德、崇高的品德、智慧人生观与之和谐，这样人与人之和，不论是小和、中和还是大和，大家都要和谐，都要感激，所以人与人之和的最终目的是达到快乐、大圆满。

因此，思人和是一项十分复杂重要的工程，其最根本的条件是思人的素质，即文化素质、心体素质、道德素质。而在这种人文素质的基础上如何开展人与人之间的关系？不论任何人，不论到哪个地方发展，最关键是应思如何拓展以我为中心的人际关系、人际感情，只有人和不断发展壮大，事业才能不断发展，走向成功。人和的发展关键靠你自身的素质，人理通，事业成，人和决定自己的命运和事业成败。

“三思而后行”之“三”，也有单纯思“三”来释疑，“三”在易学后天八卦方位是震卦，震为雷电，居东方属木，木位元性主仁，所以三思之“三”是指仁，故做事以仁为本，即为标准，属于仁者的事，就可以行动。

从这些方面也可以印证，天时不如地利，地利不如人和。“三思而后行”最关键的一思是思“人和”。因此人生在世，不管想做什么事，都要三思而后行。只有思天时、地利、人和，且三者能不断达到平衡发展，就可以行事，三者缺一，特别是缺人和的时候则不可行。的道理三思而后行的道理可从农民种田上来看，天时是种子播种的季节，地利是肥沃的土地，人和就是人认真地耕耘。如果土地肥沃，播种符合时令，人们认真耕耘，就能获得大丰收。

论君子之“三省”的新义

君子之“三省”，一般释义为君子对做过的事进行反复反省，这样的释义也是十分肤浅的，令人十分费解，要用其义及运用落实到实际行动中也十分困难。为使人们能更深入地理解和领悟到其真意，特将君子“三省”在人文上进行释义。

任何人都可以三省，但不同之人三省的内容及目的、要求是不同的，三省层面、深度也是不同的。也就是说，小人有小人三省之道，常人有常人三省之道，君子有君子三省之道。

小人之三省主要是省钱，即省昨天、今天或者明天是否有利入手，这是因为小人为人处事是以图利为目的的。

常人之三省主要是省过。因为从立体人文观点的角度上看，常人也即中人，中人为人处世持中庸之道，即以和为贵之道，在立体人生上做到既和上，又和中，及和下，即对人和事，从昨天、今天、明天进行三思反省，对上、中、下三品之人是否有过失，有过失则向人道歉，无过则平安，这就是常人三省之目的，也就是平常人为人处事之道，其结果是“中道合众”“成人之美”，是取得小成功之人。

君子之三省不是省钱和省过，他主要是省德，且所省之德是全德，即天德、地德、人德（仁德），也即君子之三省不是省昨天、今天、明天之人和事，而是省天、省地、省人。在立体人生坐标上，君子也即大人，是人生坐标正气高端方位之人，做事为人的心态任劳任怨，无念无求，不论做什么人，做什么事都深受常人或小人的感动和称赞。他的心念和行为都完全符合德的观念、德的规范和德的准则，即平等是德，心体离念是德，应用无染是德。君子三省为人处事，主要是一省是否对得住天，即天德；二省是否对得住地，即地德；三省是否对得住人，即仁德。由于天德是崇高伟大、自强不息的，地德是谦恭礼让、厚载万物的，人德是仁义之德，因此君子之三省是崇高伟大、博爱、大仁大义的三省。这就是君子与常人、小人为人处事进行三省的主要区别，希望社会上之人明白自己是小人、常人还是君子，并向君子三省之全德学习，力争做一个以君子三省为人处事之崇高伟大、宽宏大量、大仁大义之人。

“三衰六旺”的易理与感悟

俗话说“人有三衰六旺”，说明人的运气不是永恒不变的，而是随时空条件的不同而不断变化的，行旺运时不要太得意，不要太高调，要知道高调之后必定失真，失真后必定自激，自激后必定烧掉的易学道理。所以旺运之后必定行衰运，同理行衰运之时也不要太悲哀，而是要积极工作，终归有一天会通过积极之后的回报，使人运由无极变成有极，又进入旺运。所以衰与旺是相互联系、相互转化，对立统一的。

“三衰六旺”在易学道理上的释义更有意义，更有深层含义，但是世上之人很少人会这样理解。在后天八卦方位上，“三”之数是震卦，属阳木，代表性之树为桃树，震为雷电，因此“三”是桃花树，暗藏桃花，三衰是桃花劫，为桃花所累，为桃花所害，即死于桃花事件，在社会上比比皆是。“三”为雷电，即人死于雷电，人被雷打死，被电触死，也是属三衰之死。

“六”之数为后天八卦之乾卦，方位于西北，属金，主情义。所以六旺即有深情大义，有金钱者为旺。“六”是武曲星之数，武曲星是吉星，所以六旺也为吉旺，即人生大吉就是旺。“六”是乾卦，表示尊贵之卦数，所以为人为事尊贵者也旺。“六”是乾卦，乾为天，其德是崇高伟大、自强不息，故为人处事能崇高伟大、自强不息者也旺。

所以，为人处事、待人接物，不要太势利，不要看不起人家，特别是不要藐视现在暂行衰运的人。人有“三衰六旺”及旦夕祸福，人生莫测。但人要有一颗仁义之心去对人对事，仁义是做人做事之本，要用仁义之心去对人对事，最基本能保持平常心，是为人的基本准则，但最好把自己的平常心升华到感恩心来对人对事，你所到之处不管是君子或是常人，或是小人，都会被你感动，支持你，你的人生是旺正的人生、有价值的人生。

悟语

人生不能太高调

高调之后必失真

失真之后必自激

自激之后必短路

短路之后必烧毁

论“七上八下”的人生易理

“七上八下”在为人处事上被社会上的人们认为停滞不前，无所建树，无所发展之意，甚至被社会中的人们认为是贬义词，给“七上八下”蒙上一层厚厚的冤情。今天我用易学的观点来诠释“七上八下”的真义，使社会人能重新正确认识其义，给“七上八下”一词带来一个彻底的平反。

要理解“七上八下”的真义，辞海、辞源都解释得不太明白，真正要释其真义，只有用易学。

“七”之数理，在后天八卦数上属兑卦，兑为泽，为金，为元情，主义。“八”之数理，在后天八卦上为艮卦，艮为山，为土，主信。

“七上八下”即上为兑卦，下为艮卦，上卦为泽，下卦为山，上泽下山之卦是咸卦，在先天六十四卦上叫作泽山咸。咸，感也，柔上而刚下，二气感应以相与。天地感，而万物化生；圣人感人心，而天下和平。咸卦上金下土，金土相生，信义相合，和顺大吉。咸卦上兑为少女，下艮为少男，少男配少女，阴阳相生，信义相感也平安大吉。咸卦是九运之卦，现今天运为下元八卦，属咸卦，是大旺、大进、有生机之卦，也是现今六十四卦中最应运而生之卦。因此，“七上八下”是金土相生，阴阳相生，信义相感，和顺平安，生机勃勃，鹏程大展的大吉大利之意。人运达到“七上八下”，则吉庆无比，前程光明。

所以世人认识问题，定义词语，不要太直观，太简单，对人对事最好不要太偏激，不要在小道上对人对事，甚至对词语之意随便下定义，对人对事尽量要学会在通大道的基础上才能求出真义，悟出道理。中国文化中的一些词语，在小道上是贬义的，但在大道上也很多变成褒义，“七上八下”就是褒与贬变化的一个典型范例。

悟语

小道靠感，中道靠理，大道依悟

中國傳統文化結构

易為之根 道為之本 儒為之枝

百家為之叶

辛卯年冬之

中国传统文化的结构

近几年来，中国传统文化越来越受到国人及海外人士的重视，使得研究国学、讲国学、学习国学之人越来越多，从而形成了一股国学热。但是从讲国学之人到一些国学大师，从未有一人能明确点明国学传统文化的框架结构，这是一件非常遗憾的事。不明中国传统文化结构体系，就等于不明白中国文化发展的因果，研究国学就不可能切入到大道上去。所以很多“大师”讲的国学无层次，无重点。中国传统文化中的智慧就无法显现。

中国传统文化的学者们，学习和研究国学不单懂得传道、授业、解惑，更重要的是明大道。只有达到明大道的境界才能有悟性，才能使中国传统文化出智生慧，学术才会在原来基础上有所突破，有所创新，才能构建成属于你的新的文化体系。

从古代到现代的中国学者，虽有多元的传统文化，但由于没有对中国人进行多元的文化教育，这个时代国人知识结构单调，懂文者不懂理，知儒者不知道，知道者不知易，知易者不懂儒道，知墨者不知法，知法者藐视儒易。再加上中国人丑陋的一面，就是用自己的观点去规范世界，老子天下第一，自恃为权威大师等方面的人格，致使传统文化层面混乱不堪，文化知识的高度、深度、广度和覆盖面无法发挥，各门、各派、各家自圆其说。生物在进化，文化在发展，饮水思源才有仁义，才不忘根本。中国传统文化的根本在哪里，我学识有限，也属不才之人，凭我一点小见解点明中国文化结构体系供大家参考，认为不对者敬请原谅。

那么，中国传统文化体系的根本和结构是什么呢？我认为：易学是根，道学是本，儒法墨兵诸子百家是枝叶。（佛学是宇宙人生之道的崇高学说，易道是天地人之道，诸子百家是基本上的人道之学。）

一、易学是根

中华民族历史悠久，文化古老而灿烂，《易经》是我国最古老的一部经典，也是世界文化史上四大元典之一。易学大矣广矣，即博大精深，包罗万象，是群经之首、大道之源，是中华民族五千多年文化和智慧的结晶，中华文化的儒学、道学以及佛学无不与《易经》发生直接或间接的关系，易学是中国传统文化之根。

1. 易学对中国文字的影响

中国的文字是随着社会的进化和发展而产生的，中国的易文化自从伏羲氏画八卦开始到炎帝创造的《连山易》以及黄帝演绎的《归藏易》，发展到周公的《周易》，这易学的发展相应伴随着中国社会发展而产生。在产生的过程中，易学对中国文字的产生和创造有着深刻的影响，使中国文字及词语中含有丰富的易学卦义的道德之理。这个问题是我感悟中国文字时发现的，现今我把这发现奉献给中国人。例如，“雷電”二字中含有“☳”。因为画太极八卦时上为内，所以从内到外，反为“☶”之卦是震卦之符号，震在八卦卦象上为雷为電。所以“雷電”二字都含有震卦之符号。

“學”字或者“覺”字之头部中的“☰”是乾卦之符号，表示为学天之崇高伟大、自强不息的精神，两边合在一起为“☷”，为坤卦之符号，表示人又要学地或者觉地学，像地一样温顺、谦恭礼让、厚德载物，中间之爻字，即易卦六爻之爻度，表示宇宙的轨迹或表示人头脑学天地之德性之后，还要学习宇宙的自然规律，依据宇宙的自然规律去办事，去服务民众。

所以，在中国传统文化中，文字是文化的肋骨，文化知识完全靠文字才能表达，中国文字含有丰富的易理和人生哲理，故从中国文字的结构中存在易理以及文字中暗示易学的道德辞义，证明了易学是中国传统文化之根。

2. 易学对中国词语的影响

中国的传统文字深受易学文化的影响，中国的词句也同样深受易学文化的影响。如“天南地北”，天为什么是南？地为什么是北？如果你不懂易，不管你是老师还是教授，你是无法解释的。只有读通易学，才能知道乾为天，乾卦的先天八卦方向在南；地为坤，地的先天八卦方位在北，所以才叫天南地北。再如“不三不四”之人也同样充满丰富的易理。为什么不三不四之人不是人？正三正四之人才是人？这就要从易学易卦六爻中天地人之道才能进行解释，否则用中国传统文化任何一种门派都无法解释。易学六爻中，一、二爻为地道，立地之道曰刚柔；三、四爻为人道，立人之道曰仁义；五、六爻为天道，立天之道曰阴阳。因此正三正四之人，或者说三、四之人为仁义之人，才是人。不三不四之人实为一、二或五、六之人，是地道或天道，不是人。因此，不三不四之人是不仁不义之人。由于中国的传统文化是由字词句所组成的，字词句都离不开易学之理，所以从词句中之深层易理也证明，易学的确是中国传统文化之根。

3. 易学对道学的影响

中国传统文化中，与易学关系贴得最密切的文化是道学文化，道学文化是易学文化的发展和创新，道学文化中之道都离不开易。道学的现象都必须用易学之理解释，也可理解为易是体，道是用，易是道之源，或者用现代方法理解为，易生道，道生德，老子《道德经》中有八十八句经文来自《易经》，由此也可证明易学是道学之根，道学是中国传统文化的一个方面。所以易学是中国传统文化之根。

4. 易学对儒学的影响

中国的儒家文化，实质上是仁学之文化，“仁”实质上是易学文化，易生道，道生德，一德生五德，即仁义礼智信，儒家文化既有道家文化又有易学文化方面的知识。儒学文化是在道易文化的基础上发展起来的一种符合人理修身的文化，仁为元性，属木，为震卦，这句话实质上就含有道易之理。仁义礼智信五德都是在道易文化上发展起来的，再加上孔圣人一生对人类最大的贡献不是《论语》《大学》《中庸》等，而是作《春秋》、写《易》系辞，使易学之道、太极之道大大发展，从这一点来看，儒学也离不开易学。所以也说明易学是中国传统文化结构之根。

此外，墨学、法学、兵学等也是易学文化的发展和应用，所以易学文化是中国传统文化之根。

二、道学文化是中国传统文化之本

在中国传统文化结构中，易学是根，道学是本。因为易道同参，易道都有参赞天地之德，化育万物，易是体，道是用，易是因，道是果，易是公理，道是由易推出的定理，诸子百家则是由道推出之道中某一方面之推论。易是讲卦象、卦德，道是讲易之道理及道德。易生道，道生德，一德生五德，五德是仁义礼智信，四维是忠孝廉耻，道的研究对象是自然法、天地人之道。因此，易是根，道是本。

由于现代之人不识易学，个别识易学者则多走入卜卦、算命、风水之道，甚至个别名师在名牌大学EMBA或MBA讲易学时只会讲到卜卦之类的知识，未能讲易德、易义。有的人表面挂牌是讲易，实为讲道。道是易的运用，道盖于易。所以现今社会之人，只知道释儒三教，而不知易，世人知本不知根。

由于道学是易学的运用，道学是易学的发展和创新，因此道学对中国传统文化的形成和发展起着重要的作用，使中国社会下至家人、家族，上至民族、国家，从古到今都深受道学影响，使中华民族从人生理念、人生道德、民族礼节、服饰、家族文化、民族文化及宫廷文化、宫廷建筑、宫廷服饰及礼品、礼仪等基本上都充满道学文化的色彩，基本上都是道学文化的体现，道学自古到今对国家政治、经济、文化、外交、立法及天文、地理、生物都起主导作用。道学文化是中华传统文化之本的具体表现有：

1. 道学文化使中华民族行善积德

中华民族是世界上最行善积德的民族。中华民族自古以来没有对外发动战争，没有进行侵略、掠夺，其主要原因是中华民族自古受中国道学文化的良好熏陶和教育，使中国人自古讲究对人友善、和谐，对事讲究行善积德，才是做人最崇高的境界。中国人自古至今，自小到大，不论是家庭教育还是社会教育、学校教育，都教育子女要行善积德。中华民族自古有行善积德的理念。但怎样做事才能行善积德？我认为古代人比我们现代人做得好。因为古代人的道学水平比现代人高，人要行善积德，不是能随心所欲、凭空想象的，而是要有一定的修养和境界才能实现。人要有修养有境界就必须学习道学知识。只有学习道学知识，人才能懂得大道，懂大道之后才能出智入慧，人生才能有觉悟，有境界，做人做事才能达到“无为自治”的道学境界，人只有达到“无为自治”的道学境界，人生才能真正懂得行善，懂得积德，即“道生善德”。因此，善者，以仁为本，无念无求，温顺，谦恭礼让，厚德载物，深情大义。德者，无念无求，为人是德，即平等是德，外施于礼是德，心体离念是德，应用无染是德。所以善德之人，其道学水平要达到无念无求，即“无为自治”的境界，其做人做事方能行善积德，否则有为之举只会积功不能积德。因此道学“无为自治”的境界可以说是中国传统文化知识的灵魂，道学是中国传统文化之本。

2. 中国人家族文化是道学文化的体现

中国人的家族文化，实质上是老太公，一世祖多层次复合的太极文化。人人敬慕家族中的老太公、一世祖。如果没有计划生育，人人也希望自己能子孙满堂，能当上老太公、一世祖。所以在中国人的心目中，一切为了父母，一切为了孩子，一切为了家庭的理念非常强烈，也非常普遍。家是太极，父母是两仪，子女子孙是八卦，这种文化是道学文化，这种理念是道学理念，这种教育是道学教育。中国的家庭很多都是道学家庭或以道为基础发展成道佛之家。中国民间家庭从建筑物，即房屋，特别是家族中的祠堂、庙宇，从结构上、布局上、摆设上、装饰品味上，大梁画八卦图，子孙梁挂上“元亨利贞”，门梁上画上后天八卦图或河图洛书以及祖宗神台、香炉都充满道学文化色彩，同时在祖宗祖坟上的山水形势、祖坟造法形状也充满道学学理。中国家族家庭教育子女成才成人成家也充满道学理念。因此中国家族是以道为本的家族，从此方面也证实中国传统文化是以道为本的文化。

3. 宫廷的官职、建筑、祭祀、礼仪、文化及教育，都充满道学丰富浓厚的色彩

中国古近代的宫廷，在职位上，从皇帝到左右相及文武百官的职位都是按照太极两仪、四象、八卦之太极之道进行设置，职位及上下级关系都是充满道学原理应用的关系。这关系的工作过程及人生境界都充满道学文化中由有为到无为，由无为到无所不为的色彩，在官职设置上也显示出道学文化的

体现。宫廷的建设如北京（明朝建设）的布局摆设，到每座宫殿的外形及内部布局及陈设，也都充满道学文化色彩，是道学文化的实践和具体应用。宫殿中祭祀的地方，特别是祭祀天地（如北京天坛、地坛）、祭祀祖宗、祭祀神仙等都是道学或道教的体现。宫廷中的礼仪、礼物、礼节都充满道理，连接待贵宾自古到今所用红色地毯都没有变改。红色地毯接待也有道学之理，红色在道学上属火，火为元神，代表礼，所以红色地毯代表以礼迎接，也是道学之理。因此，宫廷文化说明道学是中国传统文化之本。

三、儒学文化是中国传统文化之枝

这句话可能一些国学大师或儒学大师不大认可，甚至连孔圣人也不大认可，敬请原谅。中国人认识事物太固执，太单调，太无商量空间，但我奉劝你，人生在不同的时空、不同的境界、不同的历史条件，即不同的参照物，认识物体的运动方向及本性是不一样的。人生在大道上，不理解之事太多，希望不理解之事慢慢理解，这句话是我读天文地理时感悟出来的。

儒学是中国传统文化的重要组成部分，孔夫子是我国圣人及万世师表。儒学近几年有大发展，说明中国传统文化这几年枝繁叶茂，只有这样，中国传统文化才能旺盛。

儒学的基本核心是“仁学”“礼学”，儒学之道是中庸之道，儒学要求对自己要仁，对别人要“礼”“恕”“忠”。这些基本上都是儒学的主要思想。儒学是君臣之学，仁礼之学，而道学则是天地人之学，其核心思想是在以道学之基础上衍生或者说从道学中演化形成的学说，即从道学境界中“道生德，德生仁义礼智信演化而生，且在仁义礼智信中重点讲仁、讲礼。所以儒学的核心思想是从道学派生出来的，儒学是道学之枝，也是中国传统文化之枝。其具体表现为：

儒学的核心讲仁，是从道学中演化而成的。儒学之仁，在大道上是从道学演绎而成。在道学上，只有达到“无为而治”的境界才是有德之人，即道生德，德即道德，德性有五，仁义礼智信，仁属木，为道学之元性，居东方，其方位属震卦之方，仁者之性像木一样，木一生为人，死后木材也为人。所以仁者爱人，实质上是一种道法自然的过程，也是仁的根本，仁的真义是从道学中演化而成。故儒学在中国传统文化中是道学之枝。

同理，儒学中的“礼”、“义”也好似从道学元神、元情中演化而成。所以儒学的核心部分，从大道的深层结构看，都是从道学中来。所以道学如果是中国传统文化之本，则儒学只能说是中国传统文化之枝。

四、诸子百家之学是中国传统文化之叶

诸子百家的文化从研究及发挥的作用，很多都是君臣之道的文化及人道文化，即中道或小道之文化，诸子百家之说很多是对儒或道家学说的发扬和创新，如荀子之学，其实质上是以儒学为基本，自己提出“人之初，性本恶”的理念，是儒学发扬光大和创新的学说。墨子之道，其核心是“兼相爱、交相利及墨守、非攻、节用、节葬”等主张，非攻使社会和平，人民和谐，儒学之中庸之道，也是教导社会人民要守法度，社会就能和谐。因此墨家也是从儒家文化发展创新而成。韩非子是荀卿的学生，他是法家的代表人物，其主张“法”“势”“术”为法律理论核心，其理念也都是建立在道学儒家的基础上，其他之兵家也是以道为本发展而成，都是儒学或道学文化之应用和发扬壮大。所以儒学文化在中国传统文化中是枝，则诸子百家之学是中国传统文化之叶。

中国传统文化是真正有根枝的文化，易学是根，道学是本，易道是中国传统文化的大道。由于智慧出自大道，所以易道文化是有大智慧的文化。儒家文化是中国传统文化之枝，儒家文化是有理智之文化，诸子百家之学是中国传统文化之叶，诸子百家之学是理学文化。社会上一般学者的文化从学术境界来说，很多都是感知文化。因此，一个中国文化人，作为一个国学研究者或国学大师，一定要懂得中国传统文化的结构，要懂得其深层文化意义和内涵以及彼此之间相互的知识体系，才能更好地启迪国人，引导国人学习中国传统文化，为把国人培养成为有理智、有智慧、有道德之人而努力。